D1467524

7 95/2

795X2

comment
faire une
recherche?

comment faire une recherche?

THÉRÈSE FABI

collection
comment
faire...

FIDES, 245 est, boul. Dorchester, Montréal

Numéro de la fiche de catalogue
de la Centrale des Bibliothèques — CB : 75-6006

ISBN : 0-7755-0548-X

à Claudette Domingue

Remerciements

Mes remerciements s'adressent d'abord à un groupe d'anciennes élèves, maintenant étudiantes en secondaire II, qui ont gracieusement accepté de former un comité-critique dont la tâche était d'aider l'auteur à présenter les renseignements de l'ouvrage de façon simple, claire et très explicite pour que ce guide soit accessible même aux élèves du deuxième cycle de l'élémentaire.

Remerciements et reconnaissance à mes jeunes critiques :

BOUVIER Marlène
COURCHESNE Michèle
DROLET Johanne
FAVREAU Annette
GARIÉPY Lyne
GIROUX Micheline
JOUBERT Manon
LAFONTAINE Mona
LAVOIE Lynda
LEBEUF Carole
LEHOUX Chantal
NOISEUX France
OUIMET Lyne
PERRON Christiane
SCURTI Sylvie
STORELLI Louise
THIBAULT Chantal
TREMBLAY Louise

Il me faut aussi remercier Jean-François Leblanc, jeune photographe, qui s'est occupé de la finition et de l'agrandissement des photographies de l'ouvrage et qui est lui-même l'auteur de deux d'entre elles : celles du Campus Deux-Montagnes.

Bibliothèque nationale du Québec
275,000 volumes

Montréal 1974

10

Avant-propos

Ce livre se veut un guide pratique à l'intention de tous ceux et celles qui veulent s'initier à l'art difficile mais nécessaire de la recheche.

De plus en plus, dans le monde très vaste des connaissances, il faut que chacun puise ce qu'il lui faut selon ses besoins, ses goûts, sa curiosité intellectuelle.

Qu'on soit aux études à temps plein ou à temps partiel, qu'on se fasse imposer une recherche ou qu'on choisisse soi-même un sujet de recherche, il faut savoir où aller cueillir les renseignements souhaités et comment choisir dans la masse de documentation offerte ce qui est nécessaire ou utile à sa propre recherche.

Ce petit guide s'adresse d'abord à tous ceux et celles qui éprouvent quelques difficultés à s'orienter dans les diverses étapes de la recherche et ensuite aux étudiants et aux étudiantes des écoles secondaires.

Ce travail tentera d'être le plus complet, le plus simple, le plus ordonné possible pour que chacun soit en mesure d'y trouver le renseignement voulu au moment opportun.

On trouvera dans cet ouvrage tout ce qui peut aider le chercheur dans les diverses étapes de sa recherche.

Dans une première partie, on traitera des ouvrages à consulter (livres de référence et ouvrages spécialisés), des fiches, de la classification des livres pour savoir comment les repérer dans la bibliothèque — au Québec, on emploie le système décimal Dewey et/ou celui de la bibliothèque du Congrès ; on parlera aussi des sources de renseignements autres que les livres. Pour aider le chercheur, on donnera une liste sommaire des principaux dictionnaires encyclopédiques, de quelques encyclopédies thématiques, de certains index ou répertoires de revues et de journaux.

Dans une très courte deuxième partie, il sera question de la cueillette, du choix et de la classification des renseignements.

En troisième partie, on abordera les notions théoriques relatives à la rédaction même de la recherche et à sa présentation matérielle. Un exemple complet de recherche suivra ces notions.

La quatrième partie de l'ouvrage s'adresse à ceux qui éprouvent des difficultés à utiliser leur langue écrite. On fera un bref rappel des lois de la langue française, rappel susceptible d'aider le chercheur dans la rédaction de ses travaux : la phrase et les propositions, les mots et leur propriété, la ponctuation, les genres littéraires mineurs qui sont à la base de tout travail écrit... en somme ce qui concerne un certain art d'écrire CORRECTEMENT sa langue.

La cinquième partie se veut essentiellement pratique et apporte donc un ensemble de renseignements complémentaires pouvant intéresser et/ou aider le chercheur. En effet, ce chapitre traite de bibliothèques québécoises et étrangères (nom, nombre de volumes, système de classification...) ; d'ouvrages utiles au chercheur qui désire se documenter plus à fond sur la recherche, la bibliothèque, l'art d'écrire et celui de lire. On trouvera également une table de conversion des poids et des mesures ainsi qu'un thermomètre comparant les degrés centigrades (°C) aux degrés Fahrenheit (°F) et une règle comparant les centimètres aux pouces. Ces deux derniers éléments ont été inclus dans ce guide parce que la plupart des encyclopédies et un grand nombre de livres en général proviennent des pays francophones d'Europe où le système métrique est utilisé et où on lit la température d'après l'échelle Celsius. Les Québécois sont généralement peu familiarisés aux mètres, aux kilomètres, aux grammes, aux degrés centigrades...

À la fin de l'ouvrage, on trouvera un index susceptible de permettre à l'usager de ce guide de trouver rapidement le renseignement souhaité.

En terminant, rappelons que TOUT dans cet ouvrage a été soumis à un jeune « jury » qui a invité l'auteur à inclure dans ce guide bien des renseignements pouvant paraître superflus à plus d'un mais utiles à beaucoup et indispensables à des élèves du secondaire premier cycle — le livre s'adresse aussi à eux !

TF
Laval, le 9 mai 1974

TABLE DES MATIÈRES

CHAPITRE PREMIER

Où trouver les renseignements?

la bibliothèque : lieu de SILENCE
parce que lieu de réflexion,
de travail et de concentration

Bibliothèque municipale de Montréal
850,000 volumes

1974

A. *Les livres: première source de renseignements*

Dès qu'on connaît son sujet de recherche avec ses limites, on doit commencer ses « fouilles » et on ne néglige rien. La première étape, c'est de rassembler tous les ouvrages possibles traitant partiellement ou totalement de son sujet.

On consulte les livres qu'on possède chez soi, ceux qu'on retrouve dans la bibliothèque de classe, ceux qu'on offre dans la bibliothèque de l'école, de son village ou de sa ville. Si ces ouvrages nous semblent insuffisants, on pousse ses recherches plus loin : dans les bibliothèques universitaires et même dans les bibliothèques nationales généralement plus spécialisées.

a) Les ouvrages de référence

Avant de se lancer dans les ouvrages spécialisés dont on ignore la valeur, il vaut mieux consulter d'abord les dictionnaires et encyclopédies.

Si je fais une recherche sur les volcans, je cherche, dans un *DICTIONNAIRE ENCYCLOPÉDIQUE* où les mots sont classés par ordre alphabétique, le mot « VOLCAN » ; j'obtiens alors un ensemble de renseignements susceptibles de m'aider à poursuivre mes recherches. On fait une première lecture de l'article sur les volcans, puis on prend les notes qui nous intéressent.

Un chercheur ne se contente pas d'un seul ouvrage pour se renseigner sur un sujet. Aussi, consulte-t-il tous les dictionnaires encyclopédiques disponibles dans sa bibliothèque au moins. IL FAUT PRENDRE SOIN DE NOTER LA DATE DE SON DICTIONNAIRE car le monde des sciences évolue à un rythme effarant ; ce qui était vrai hier ne l'est plus nécessairement aujourd'hui.

Après avoir consulté les dictionnaires encyclopédiques, on peut consulter les ENCYCLOPÉ-DIES THÉMATIQUES plus difficiles d'accès parce que nécessitant quelques connaissances préalables du sujet. Par exemple, si je fais une recherche sur la Terre ou le globe terrestre, il faut connaître les sciences qui en font l'étude : géologie, minéralogie, pétrographie, spéléologie, géomorphologie, tectonique... Il faut se référer à ces termes dans les encyclopédies dites thématiques pour obtenir les renseignements souhaités.

Certes, ces encyclopédies possèdent des *index* susceptibles de nous guider dans notre recherche. L'index se retrouve soit à la fin du dernier tome de l'encyclopédie soit dans une brochure accompagnant l'encyclopédie. L'index se présente soit uniquement de façon alphabétique soit d'une double façon (index analytique et index alphabétique).

Dans la partie nommée *INDEX ANALYTIQUE,* on retrouve généralement les trois grands titres suivants accompagnés de leurs sous-titres :

I. HISTOIRE

1. préhistoire	5. histoire des nations
2. histoire ancienne	6. musées
3. Moyen Âge	7. philatélie
4. histoire moderne	8. art

II. SCIENCES

1. sciences humaines
2. corps humain
3. botanique
4. zoologie
5. chimie
6. minéralogie
7. physique
8. techniques
9. moyens de transport
10. personnages

III. GÉOGRAPHIE

1. le monde
2. explorateurs et navigateurs
3. Europe
4. la France
5. Asie
6. Afrique
7. Amérique
8. Océanie
9. les Terres polaires
10. ethnologie
11. géographie ambiante

Si je veux obtenir des renseignements sur les volcans, je cherche dans la section GÉOGRA-PHIE où je trouverai le renseignement comme suit (exemple tiré de l'index général *Tout l'Univers,* publication de Hachette) :

Le volcanisme   3034-3035, XVI

ce qui signifie que je peux trouver mes renseignements dans le tome XVI aux pages 3034 et 3035.

Dans la partie intitulée *INDEX ALPHABÉTIQUE,* je cherche le mot « volcan » à la lettre « V » et je trouve ceci (exemple tiré de l'index général précité) :

* Volcan. 36, I ; 740, IV ; 1695, IX ; 1846, 1847, X ; 2206-2207, XII ; 2765, XV ; 3035, XVI.

Les chiffres romains (I, IV, IX, X, XII, XV, XVI) indiquent les tomes alors que les chiffres arabes (36, 740, 1695, 1846, 1847, 2206, 2207, 2765, 3034, 3035) indiquent les pages où trouver les renseignements voulus.

Mais, ce qui aide le plus l'apprenti-chercheur, ce sont ces notions cueillies dans les dictionnaires encyclopédiques où on aura mentionné ces sciences qui étudient la Terre, sciences qu'on retrouvera en titres ou en sous-titres dans l'index analytique de l'encyclopédie thématique.

En recherche, un pas permet d'en faire un autre. On trouve rarement le riche « filon » du premier coup. Il faut de la patience, de la curiosité, de la vaillance et surtout de la ténacité..., de l'acharnement.

En terminant cette section des ouvrages de référence, il me faut donner une liste sommaire des *dictionnaires de langue,* indispensables autant dans les recherches littéraires que dans les autres types de recherches.

LISTE DE QUELQUES GRANDS DICTIONNAIRES DE LANGUE FRANÇAISE

Dictionnaire de l'ancienne langue française de tous les dialectes du IXe au XVe siècle, (par Frédéric Godefroy), N.Y., Kraus Reprint Corporation, 1961, 8 tomes et 3 compléments.

Dictionnaire de la langue française, (par Paul Robert) Paris, P.U.F., 1970-1971, 6 tomes et 1 supplément (1970).

Dictionnaire de la langue française, (par Émile Littré), Paris, Hachette, 1958, 7 tomes.

Glossaire du parler français au Canada, La Société du parler français au Canada, Québec, Les Presses de l'Université Laval, 1968, 709 pages.

Grand Larousse de la langue française, Paris, Larousse, 1971, 6 tomes.

---

b) Les ouvrages spécialisés

Quand ces premières « fouilles » ont été effectuées, on peut se mettre à la recherche d'ouvrages spécialisés sur le sujet. Comment faire ? Consulter les fichiers.

On a les *FICHES D'AUTEURS,* les *FICHES DE TITRE* et les *FICHES DE SUJETS* ; il y en a bien d'autres, mais ces trois sortes de fiches suffisent pour le moment.

Voyons les trois modèles de fiches :

A. FICHE D'AUTEUR

550 D898t	DUNBAR, Carl O. *La Terre,* Paris, Bordas, 1966. 383 p. (La Grande encyclopédie de la nature)

B. FICHE DE TITRE

550 D898t	Terre (La) DUNBAR, Carl O. *La Terre,* Paris, Bordas, 1966. 383 p. (La Grande encyclopédie de la nature)

C. FICHE DE SUJET

550 D898t	TERRE DUNBAR, Carl O. *La Terre,* Paris, Bordas, 1966. 383 p. (La Grande encyclopédie de la nature)

Pour la fiche d'auteur et la fiche de titre, on retrouve les renseignements suivants :

nom de l'auteur : Dunbar
prénom : Carl O.
titre de l'ouvrage : *La Terre*
lieu d'édition : Paris
maison d'édition : Bordas
date d'édition : 1966
nombre de pages : 383
collection : La Grande encyclopédie de la nature
cote de l'ouvrage :   550
D898t

Pour la fiche de sujet, on retrouve en plus des renseignements précités et en tête de fiche le sujet... sujet inscrit en rouge ou en lettres majuscules.

Les fiches sont classées par ordre alphabétique.

Pour l'apprenti-chercheur, les plus utiles à ce moment de sa recherche sont les fiches de sujets puisque souvent il ignore et le titre de l'ouvrage et l'auteur.

Si je fais une recherche sur la Terre, le mot « TERRE » figure en tête de fiche et en caractères rouges ou en majuscules sur la fiche. En dessous de TERRE, je trouve le nom et prénom de l'auteur de l'ouvrage. Plus bas figure le titre de l'ouvrage suivi du lieu d'édition, du nom de l'éditeur, de l'année d'édition, du nombre de pages.

Ce qu'il faut relever sur cette fiche, comme sur toute fiche d'ailleurs, c'est la *COTE* de l'ouvrage ou du livre pour pouvoir le retracer dans la bibliothèque.

Selon le système de classification adopté par la bibliothèque que l'on fréquente, la cote sera établie d'après le *SYSTÈME DE CLASSIFICATION DÉCIMALE DEWEY*, d'après le *SYSTÈME DE CLASSIFICATION DE LA BIBLIOTHÈQUE DU CONGRÈS* de Washington aux États-Unis ou encore d'après d'autres systèmes plus ou moins répandus.

La plupart des bibliothèques en Amérique du Nord adoptent l'un ou l'autre système... et quelquefois les deux systèmes. Le Québec fait de même.

Voyons, dans les pages qui suivent, les grandes lignes de l'un et de l'autre système :

CLASSIFICATION DÉCIMALE DEWEY

000 — GÉNÉRALITÉS

- 010 — Bibliographies et catalogues
- 020 — Bibliothéconomie et documentation
- 030 — Encyclopédies générales
- 040
- 050 — Publications en série d'ordre général
- 060 — Organisations générales et muséologie
- 070 — Journalisme, édition, journaux
- 080 — Recueils généraux
- 090 — Manuscrits et livres rares

100 — PHILOSOPHIE et disciplines connexes

- 110 — Métaphysique
- 120 — Connaissance, cause, finalité, l'homme
- 130 — Psychologie populaire, parapsychologie
- 140 — Divers systèmes philosophiques
- 150 — Psychologie
- 160 — Logique
- 170 — Éthique (Philosophie morale)
- 180 — Philosophie ancienne, médiévale, orientale
- 190 — Philosophie occidentale moderne

200 — RELIGION

- 210 — Religion naturelle
- 220 — Bible
- 230 — Théologie doctrinale chrétienne
- 240 — Théologie morale et spirituelle chrétienne
- 250 — Église locale, congrégations religieuses
- 260 — Théologie et société, ecclésiologie
- 270 — Histoire et géographie de l'Église
- 280 — Confessions et sectes chrétiennes
- 290 — Autres religions et religion comparée

---

1. Reproduit de la 18e édition (1re traduction française) 1974, avec la permission de Forest Press.

300 — SCIENCES SOCIALES

310 — Statistiques
320 — Science politique
330 — Économie politique
340 — Droit
350 — Administration publique
360 — Pathologie sociale et services sociaux
370 — Instruction et éducation
380 — Commerce
390 — Coutumes et folklore

400 — LANGAGE

410 — Linguistique
420 — Langue anglaise et anglo-saxon
430 — Langues germaniques — Allemand
440 — Langues romanes — Français
450 — Langues italienne, roumaine, rhéto-romane
460 — Langues espagnole et portugaise
470 — Langues italiques — Latin
480 — Langues helléniques — Grec classique
490 — Autres langues et groupes de langues

500 — SCIENCES PURES

510 — Mathématiques
520 — Astronomie et sciences connexes
530 — Physique
540 — Chimie et sciences connexes
550 — Sciences de la Terre et des autres mondes
560 — Paléontologie
570 — Sciences de la vie
580 — Botanique
590 — Zoologie

600 — TECHNIQUES (Sciences appliquées)

610 — Sciences médicales
620 — Art de l'ingénieur ; activités connexes
630 — Agriculture et techniques connexes
640 — Arts ménagers et sciences ménagères
650 — Services des directions d'entreprises

```
660 — Technique chimique et techniques connexes
670 — Fabrication industrielle
680 — Fabrications diverses
690 — Bâtiments
```

700 — ARTS

```
710 — Urbanisme et art du paysage
720 — Architecture
730 — Arts plastiques — Sculpture
740 — Dessin, arts décoratifs et arts mineurs
750 — Peinture et peintures
760 — Arts graphiques — Gravures
770 — Photographie et photographies
780 — Musique
790 — Loisirs : spectacles, jeux, sports
```

800 — LITTÉRATURE (Belles-lettres)

```
810 — Littérature américaine en anglais
820 — Littératures anglaise et anglo-saxonne
830 — Littératures des langues germaniques
840 — Littératures des langues romanes
850 — Littératures italienne, roumaine, rhéto-romane
860 — Littératures espagnole et portugaise
870 — Littératures des langues italiques — Littérature latine
880 — Littératures des langues helléniques
890 — Littératures des autres langues et groupes de langues
```

900 — GÉOGRAPHIE ET HISTOIRE GÉNÉRALES

```
910 — Géographie générale — Voyages
920 — Biographie universelle et généalogie
930 — Histoire générale du monde ancien
940 — Histoire générale de l'Europe
950 — Histoire générale de l'Asie
960 — Histoire générale de l'Afrique
970 — Histoire générale de l'Amérique du Nord
980 — Histoire générale de l'Amérique du Sud
990 — Histoire générale des autres régions
```

Nous n'avons présenté que les DIX CLASSES et CENT DIVISIONS [2]. Mais chaque division comprend des subdivisions (au total, 1,000 subdivisions) ; chaque subdivision comprend des sections (au total 10,000 sections) ; chaque section comprend des sous-sections (au total, 100,000 sous-sections). Le système de classification décimale Dewey se subdivise encore.

Voyons maintenant le système de classification adoptée par la Bibliothèque du Congrès (Library of Congress) de Washington :

CLASSIFICATION DU CONGRÈS

A.   OUVRAGES GÉNÉRAUX

AC.   collections — séries — polygraphie
AE.   encyclopédies générales
AG.   ouvrages de référence
AI.   index généraux
AM.   musées — collecteurs — collections
AN.   journaux
AP.   périodiques généraux
AS.   sociétés — académies
AY.   annuaires — almanachs — répertoires généraux
AZ.   histoire générale de la connaissance

B.   PHILOSOPHIE ET RELIGION

B.   collections — histoire — systèmes
BC.   logique
BD.   philosophie spéculative
BF.   psychologie — sciences occultes
BH.   esthétique
BJ.   éthique et étiquette
BL.   religions — mythologie — libre pensée
BM.   judaïsme
BP.   mahométisme — bahaïsme — théosophie
BQ.   littérature chrétienne
BQT.   théologie catholique
BQV.   droit canonique
BQX.   histoire de l'Église catholique
BR.   christianisme

---

2.   D'après Bernard Vinet (voir la référence complète, p. 119).

BS.	bible	
BT.	théologie doctrinale non catholique	
BV.	théologie pratique non catholique	
BX.	histoire des diverses sectes	

C. SCIENCES AUXILIAIRES DE L'HISTOIRE

CB.	histoire de la civilisation
CC.	archéologie
CD.	diplomatie — archives
CE.	chronologie
CJ.	numismatique
CN.	épigraphie
CR.	héraldique
CS.	généalogie
CT.	biographie

D. HISTOIRE SANS L'AMÉRIQUE

D.	histoire générale
DA.	Grande-Bretagne
DB.	Autriche — Hongrie
DC.	France
DD.	Allemagne
DE.	Antiquité classique
DF.	Grèce
DG.	Italie
DH-DJ.	Belgique — Hollande — Luxembourg
DK.	Russie — Pologne — Finlande
DL.	Scandinavie sans la Finlande
DP.	Espagne et Portugal
DQ.	Suisse
DR.	Balkans (Bulgarie — Roumanie — Yougoslavie — Turquie)
DS.	Asie
DT.	Afrique
DU.	Australie et Océanie
DX.	Tziganes

E-F. HISTOIRE DE L'AMÉRIQUE

E.	Amérique et États-Unis (généralités)
F.	États-Unis (histoire locale) — Canada — Mexique — Amérique latine — Amérique centrale

G. GÉOGRAPHIE ET ANTHROPOLOGIE

G.	géographie générale — atlas — cartes
GA.	géographie mathématique — cartographie
GB.	géographie physique
GC.	océanographie
GF.	géographie humaine
GN.	anthropologie et ethnologie
GR.	folklore
GT.	mœurs et coutumes
GV.	récréation — culture physique — sports — jeux — amusements

H. SCIENCES SOCIALES

H.	généralités
HA.	statistique
HB.	théorie économique
HC.	histoire et conditions économiques — production nationale
HD.	histoire économique — agriculture et industrie
HE.	transports et communications
HF.	commerce
HG.	finance
HJ.	finance publique
HM.	sociologie (théorie sociale)
HN.	histoire sociale — réforme sociale
HQ.	famille — mariage — femme
HS.	sociétés — clubs
HT.	communautés — classes — races
HV.	pathologie sociale — bien-être public — criminologie
HX.	socialisme — communisme — anarchisme

J. POLITIQUE

J.	documents officiels
JA.	ouvrages généraux
JC.	État
JF-JS.	histoire constitutionnelle et administration
JF.	ouvrages généraux
JK.	États-Unis
JL.	Amérique du Nord et du Sud
JN.	Europe

JQ.	Asie — Afrique — Australie — Océanie
JS.	gouvernement local
JV.	colonies — colonisations — émigration — immigration
JX.	droit international

K. DROIT

K.	généralités
KB.	droit comparé
KH.	droit primitif
KL.	droit ancien
KM.	droit moderne — droit canadien

L. ÉDUCATION

L.	ouvrages généraux
LA.	histoire de l'éducation
LB.	théorie et pratique de l'éducation — enseignement
LC.	aspects spéciaux de l'éducation
LD-LG.	universités et collèges
LD.	États-Unis
LE.	Amérique
LF.	Europe
LG.	Asie — Afrique — Océanie
LH.	publications d'institutions d'enseignement
LJ.	associations d'étudiants
LT.	manuels généraux

M. MUSIQUE

M.	musique (partitions)
ML.	ouvrages sur la musique
MT.	enseignement et étude de la musique

N. BEAUX-ARTS

N.	généralités
NA.	architecture
NB.	sculpture
NC.	arts graphiques — dessin
ND.	peinture
NE.	gravure
NK.	arts industriels — décoration et ornementation

P. LINGUISTIQUE ET LITTÉRATURE

P.	philologie comparée — linguistique — philologie indo-européenne — langues mortes
PA.	langues et littératures classiques
PB.	langues modernes (généralités) — langues celtiques
PC.	langues romanes
PD-PF.	langues germaniques
PD.	généralités — langues norvégienne, danoise, suédoise
PE.	langue anglaise
PF.	langues hollandaise, flamande, allemande
PG.	langues slaves
PH.	langues finno-ougriennes et basque
PJ.	langues et littératures orientales
PK.	langues et littératures indo-iraniennes
PL.	langues d'Asie, d'Océanie, d'Afrique
PM.	langues hyperboréennes, américaines et artificielles
PN.	littérature générale et universelle — histoire littéraire — collections
PQ.	littératures romanes
PR.	littérature anglaise
PS.	littérature américaine
PT.	littératures allemande, néerlandaise et scandinave
PZ.	romans — littérature enfantine

Q. SCIENCES

Q.	généralités
QA.	mathématiques
QB.	astronomie
QC.	physique
QD.	chimie
QE.	géologie
QH.	histoire naturelle
QK.	botanique
QL.	zoologie
QM.	anatomie humaine
QP.	physiologie
QR.	bactériologie

R. MÉDECINE

    R.   généralités
    RA.   aspects publics de la santé
    RB.   pathologie
    RC.   médecine interne — pratique générale
    RD.   chirurgie
    RE.   ophtalmologie
    RF.   otorhinolaryngologie
    RG.   gynécologie — obstétrique
    RJ.   pédiatrie
    RK.   art dentaire
    RL.   dermatologie
    RM.   thérapeutique — pharmacologie
    RS.   pharmacie et matière médicale
    RT.   soins aux malades
    RV.   médecine botanique et éclectique
    RX.   homéopathie
    RZ.   autres systèmes de médecine

S. AGRICULTURE — INDUSTRIE ANIMALE...

    S.   généralités
    SB.   culture des plantes — horticulture
    SD.   forêts et sylviculture
    SF.   industrie animale
    SH.   pisciculture et pêcheries
    SK.   chasse

T. TECHNOLOGIE

    T.   technologie (généralités)
    TA.   génie (généralités) — génie civil
    TC.   génie hydraulique — ports, fleuves, canaux
    TD.   génie sanitaire et municipal
    TE.   routes et pavage
    TF.   chemins de fer
    TG.   ponts et toits
    TH.   construction — prévention des incendies
    TJ.   génie mécanique et machinerie
    TK.   génie et industries électroniques
    TL.   véhicules à moteur — bicyclettes — aéronautique

TN.	génie minier — industries minérales
TP.	chimie technique
TR.	photographie
TS.	manufactures
TT.	métiers
TX.	économie domestique

U. SCIENCE MILITAIRE

U.	généralités
UA.	armées
UB.	administration militaire
UC	entretien et transport
UD.	infanterie
UE.	cavalerie — blindés
UF.	artillerie
UG.	génie militaire
UH.	autres services

V. SCIENCE NAVALE

V.	généralités
VA.	marines
VB.	administration navale
VC.	entretien
VD.	marins
VE.	infanterie de marine
VF.	ordonnance
VG.	autres services
VK.	navigation — marine marchande
VM.	architecture navale — construction de navires — génie naval

Z. BIBLIOGRAPHIE ET BIBLIOTHÉCONOMIE

Z4.39.	histoire du livre
Z40.115	écriture
Z116-550.	industrie et commerce du livre
Z551-661.	droit d'auteur
Z665-997.	bibliothèques et bibliothéconomie
Z998-1000.	catalogue de librairies
Z1001-8999.	bibliographie

Par exemple, le livre *La Terre* de Carl O. Dunbar ferait partie, selon la classification du Congrès, de la classe « Q » et de la division « QE » mais, selon la classification Dewey, de la classe « 500 » et de la division « 550 ». Il suffit de connaître le système de classification de la bibliothèque et la cote appropriée à cette classification pour repérer le livre sur les étagères.

Une fois en possession de la cote, on se dirige vers le ou les rayon(s) marqué(s) 550 ou « Q » (géologie). La cote se trouve généralement inscrite au dos de l'ouvrage. Pour retracer le volume désiré, il suffit de suivre l'ordre numérique ou alphabétique des cotes. On trouve alors le livre cherché.

Ensuite, l'important n'est pas de lire l'ouvrage en entier mais de voir rapidement ce qu'il contient pour savoir si oui ou non les renseignements qu'il renferme nous intéressent. Il faut consulter la *TABLE DES MATIÈRES,* qu'on retrouve au début ou à la fin de l'ouvrage, et, s'il y a lieu, l'index.

Par exemple, dans l'ouvrage précité de Carl O. Dunbar, la table des matières se présente comme suit :

TABLE DES MATIÈRES

Il se peut que de prime abord seuls les chapitres VIII, IX et XI m'intéressent. Je ne consulterai alors que ceux-là.

Il n'est pas nécessaire encore de tout lire. Je peux d'abord lire les titres et les sous-titres pour décider si je dois lire tout le chapitre ou seulement une partie.

Par exemple, dans le chapitre VIII, concernant la formation de la Terre, on retrouve trois sous-titres :

1. évolution de l'atmosphère terrestre
2. croissance des océans
3. permanence des continents et des océans

En lisant ces sous-titres, je me rends compte qu'ils n'intéressent pas précisément mon sujet de recherche ; alors je laisse tomber ce chapitre.

Au chapitre IX, concernant le visage changeant de la Terre, je lis les sous-titres suivants :

1. les forces de l'érosion
2. croissance et décomposition des montagnes
3. phases de l'histoire des montagnes
4. activité ignée
5. régressions et transgressions marines

La partie qui m'intéresse dans ce chapitre, c'est l'activité ignée. Je laisse alors tomber les quatre autres parties pour ne retenir que celle-là qui traite des volcans.

Je fais de même pour l'autre chapitre.

Et j'aborde un autre ou plusieurs autres livre(s).

B. Autres sources de renseignements

Si je désire obtenir d'autres renseignements concernant mon sujet de recherche, je peux effectuer des recherches dans des revues et des journaux, correspondre avec des associations ou sociétés spécialisées, obtenir des entrevues avec des spécialistes, aller consulter les archives des hôtels de ville, écrire aux gouvernements québécois, canadiens et étrangers, communiquer avec les consulats et ambassades, entrer en contact avec des agences de voyages, des compagnies de transports, des industries, des commerces... Tout dépend de ce qu'on cherche, de sa curiosité intellectuelle, du temps dont on dispose.

Comment retracer les articles parus dans les *journaux* et *revue*s sur son sujet de recherche ? En consultant les nombreux *répertoires d'articles de revues et de journaux* qu'on appelle aussi *index*. En voici quelques-uns en langue française :

LISTE DE QUELQUES INDEX

Bibliographie internationale de la littérature périodique dans tous les domaines de la connaissance, Osnabrück, Detrich, 1900.

Bulletin analytique de documentation politique, économique et sociale, Paris, Fondation nationale des sciences politiques, 1946.

Bulletin signalétique, Paris, Centre de recherche scientifique, 1940-   .

Index (L') analytique, Québec, les Presses de l'Université Laval, 1966-1971.

Périodex, Montréal, Centrale des bibliothèques, 1972-   .

Répertoire analytique d'articles de revues du Québec (RADAR) Montréal, Bibliothèque nationale du Québec (bimestriel), 1972-   .

Au début de l'index, on indique à l'usager la façon de se servir de ce précieux ouvrage.

Comment obtenir les nom et adresse des sociétés et associations spécialisées ? Pourquoi ne pas se référer tout simplement à l'*ANNUAIRE téléphonique* aux termes ASSOCIATIONS, CLUBS, SOCIÉTÉS... L'annuaire est une source de renseignements très pratique qui se renouvelle chaque année. C'est encore l'annuaire qui peut nous donner les adresses et numéros de téléphone des consulats et ambassades et les différents services des gouvernements — il suffit de chercher à GOUVERNEMENT DU QUÉBEC, à GOUVERNEMENT DU CANADA, à VILLE DE MONTRÉAL, à VILLE DE QUÉBEC, DE SHERBROOKE, DE LAVAL...

On veut correspondre avec des gouvernements, mais on ignore à quels ministères s'adresser ; on veut se renseigner sur ce qui se fait au Québec et au Canada, alors on peut consulter les deux importants ouvrages suivants :

ANNUAIRE DU QUÉBEC

publié par le gouvernement du Québec plus précisément par son Centre d'information statistique — publication annuelle

---

ANNUAIRE DU CANADA

publié ANNUELLEMENT par Statistique Canada

Pour obtenir rapidement des renseignements sur le Québec ou le Canada, on peut signaler les deux numéros de téléphones suivants en indiquant son sujet de recherche ; la réceptionniste donne au chercheur le renseignement souhaité ou invite le chercheur à s'adresser, par téléphone ou par correspondance, au(x) ministère(s) concernés(s). Voici ces deux numéros :

COMMUNICATION QUÉBEC à 873-5264 qui renseigne sur les programmes et services du gouvernement québécois.

INFORMATION CANADA à 283-7877 qui renseigne sur les programmes et services du gouvernement canadien.

Voilà exposé en quelques lignes un ensemble de sources de renseignements susceptibles de satisfaire la soif de connaître de tout chercheur. Il s'agit en somme de la première étape de la recherche qui vise à DRESSER LA LISTE des ouvrages et parties d'ouvrages à consulter.

Au terme de cette première étape, j'ai en main tous les titres de volumes que je désire consulter totalement ou partiellement.

Il ne faut surtout pas oublier de prendre note de tous les ouvrages consultés en mentionnant :

1. nom et prénom de l'auteur du livre
2. titre de l'ouvrage
3. lieu et maison d'édition
4. date d'édition
5. nombre de tomes des dictionnaires et encyclopédies OU nombre de pages des volumes

cette liste est indispensable à l'élaboration de la bibliographie au moment de la rédaction de la recherche.

Voici un exemple d'une liste d'ouvrages d'après le sujet choisi et mentionné précédemment : la Terre.

LISTE D'OUVRAGES SPÉCIALISÉS

BEISER, A. *La Terre,* États-Unis, Éd. Time-Life, 1966, 192 pages, (Life, Le monde vivant), pages 81 à 105.

BERTIN, L. *La Terre, notre planète,* Paris, Larousse, 1956, 404 pages, pages 291 à 393.

BOICHARD, J., PRÉVOST, V. *La Nature et les hommes,* Paris, Librairie Bélin, 1962, 273 pages, pages 5 à 13.

CAILLEUX, A. *L'Anatomie de la Terre,* Paris, Hachette, 1968, 253 pages, pages 171 à 217.

CARLES, J. *Les Origines de la vie,* Paris, P.U.F., 1969, 128 pages (Que sais-je ?, numéro 446).

CELORIA, F. L'Archéologie pour tous, Paris, Larousse, 1972, 159 pages (Poche couleurs).

EVANS, I.O. *La Terre, notre planète,* Paris, Larousse, 1971, 159 pages (Poche couleurs).

CHAPITRE DEUXIÈME

Cueillir, choisir, classifier les renseignements

la bibliothèque : lieu de SILENCE
parce que lieu de réflexion,
de travail et de concentration

Centre de documentation
Campus Deux-Montagnes
Commission scolaire régionale Deux-Montagnes
22,300 volumes

1974

Photo : Jean-François Leblanc

40

La seconde étape, c'est celle de la LECTURE partielle ou totale des articles ou des ouvrages sélectionnés.

Selon Loubet [1], il faut savoir « comment lire ». Il y a, dit-il, deux conditions essentielles :

- la lecture n'est pas qu'un simple passe-temps : il faut *lire LENTEMENT et avec MÉTHODE* afin de pouvoir réfléchir sur les idées, la composition et le style.

- « ne pas mettre sur le même plan tout ce qui est imprimé ». Tout n'est pas digne de foi. Les journaux et les revues sont d'inégale valeur. Il faut, si l'expérience des auteurs et de leurs éditeurs fait défaut, faire confiance à ceux qui ont traversé avec succès l'épreuve du temps. C'est-à-dire, faire confiance aux classiques, à ceux qui ne se démodent pas... à cause même de la qualité de leur œuvre.

En lisant, je ne copie rien. C'est là un travail servile et inutile. Il est préférable de lire attentivement en notant quelques renseignements au besoin. Ces notes constituent la cueillette des informations utiles ou nécessaires à son sujet.

Je cueille ces renseignements en adoptant un certain ordre. Par exemple, lire dans tous les dictionnaires encyclopédiques disponibles sélectionnés ce qui concerne la TERRE. Je rappelle que c'est au mot TERRE qu'il faut chercher. D'un dictionnaire à l'autre, les renseignements peuvent se répéter tout en étant formulés différemment ; ils peuvent se compléter ; ils peuvent quelquefois se contredire réellement ou apparemment. On relève alors ces contradictions en notant la date de l'ouvrage ; on peut aussi remarquer que trois dictionnaires donnent la même information alors qu'un quatrième donne une information différente. Il suffit, dans sa recherche, de mentionner l'ouvrage qui donne l'information.

Après la lecture des dictionnaires encyclopédiques, on attaque celle des encyclopédies thématiques. Et on note ce qui intéresse son sujet.

Vient ensuite la lecture partielle ou totale des ouvrages spécialisés, c'est-à-dire d'ouvrages ne traitant qu'un ou quelques aspects de l'ensemble du savoir humain. Là encore, on note les renseignements opportuns.

1. Émile LOUBET. *La Technique de la composition française,* Paris, Éditions Magnard, 1954, 286 pages.

Si on décide de poursuivre ses recherches, on se lance dans ce qui fut qualifié précédemment de AUTRES SOURCES DE RENSEIGNEMENTS : revues et journaux, correspondance, entrevues, archives, consulats, ambassades, agences de voyages, compagnies...

Une fois la cueillette terminée pour soi, on choisit dans la somme de documentation ce qu'on désire retenir pour le rapport de recherche que l'on doit ou que l'on désire rédiger... si on est tenu d'en rédiger un.

Les renseignements doivent être ordonnés ou classés.

Par exemple, sur la TERRE, j'ai des renseignements sur son histoire, sur sa situation dans le système solaire, sur sa structure interne, sur les facteurs de modification de son relief, sur la lithosphère, sur ses océans ou l'hydrosphère, sur la répartition de la vie végétale, animale et humaine à sa surface, sur l'atmosphère qui l'entoure, sur la pollution de son air et de ses eaux, sur ses continents explorés, sur ses ressources ou richesses naturelles...

Si je décide de retenir tous mes renseignements — ce qui constituera une vaste recherche — je dois en faire une synthèse intelligente, rationnelle et claire. Pourquoi ne pas tracer, à ce moment de sa recherche, un *plan de rédaction* ?

Il y aurait plusieurs façons de procéder pour ordonner son travail. En voici une :

Introduction : la Terre dans l'Univers

Développement :

première partie :   histoire de la Terre
deuxième partie :   structure interne de la Terre
troisième partie :   relief et facteurs de modification de ce relief
quatrième partie :   lithosphère et hydrosphère
cinquième partie :   atmosphère
sixième partie :   vie végétale, animale et humaine sur Terre
septième partie :   la Terre explorée
huitième partie :   les richesses naturelles

Conclusion : la pollution

Pour mieux comprendre les divisions possibles d'une recherche, voir l'exemple complet de la recherche sur la Terre dans la deuxième partie du troisième chapitre (Rédiger une recherche).

Rédiger la recherche

la bibliothèque : lieu de SILENCE
parce que lieu de réflexion,
de travail et de concentration

Fichier du Centre de documentation
Campus Deux-Montagnes
Commission scolaire régionale Deux-Montagnes
22,300 volumes

Photo : Jean-François Leblanc

1974

1. Quelques notions théoriques

Si un rapport de recherche est exigé, le grand souci du chercheur est la clarté. En somme, un rapport de recherche se doit d'être clair, propre, ordonné, soigné, bien documenté, illustré si possible. Il faut viser la qualité plutôt que la quantité.

Il vaut mieux écrire seulement au recto de la feuille ; cela facilite la lecture du rapport.

Dans une recherche littéraire et/ou dans des travaux écrits de français, il faut écrire les chiffres en lettres. Par exemple, on n'écrira pas « 3 » mais « trois ».

Il faut pouvoir distinguer clairement les différentes parties du rapport de recherche. Ne pas hésiter à employer des titres en majuscules ou soulignés, à passer une ligne ou deux avant et après chaque titre de façon à bien mettre en évidence les grands points de sa recherche.

En somme, tout ce qui contribue à aérer ou à clarifier son travail doit être fait.

Ce n'est pas nécessaire de faire sa recherche à la machine à écrire sauf si son professeur l'exige. Mais il faut *écrire LISIBLEMENT*.

Employer des stylos ou des plumes à encre bleue ou noire mais non verte ou rouge... ou...

Si on désire retranscrire une *citation,* courte ou longue, il faut la mettre entre *guillemets* (« ... ») suivie d'un *chiffre* correspondant à la citation (pour la première citation de la recherche, on emploie le chiffre « 1 » ; pour la quatrième, le chiffre « 4 ») ; ce chiffre doit être entre *parenthèses* et reporté en plus au bas de la page où il indique la *référence* complète, c'est-à-dire les nom et prénom de l'auteur, le titre du livre suivi du lieu d'édition, de l'éditeur et de la date d'édition, du nombre de pages de l'ouvrage et de la page où on a cueilli la citation.

Voici un exemple :

Le grand géologiste Carl O. Dunbar définit l'inlandsis comme étant une « calotte glaciaire installée sur un continent »[1].

1. Carl O. DUNBAR. *La Terre,* Paris, Bordas, 1970, 383 pages, page 350.

Ceci dit, voici une présentation possible de rapport de recherche susceptible d'être accepté aux niveaux secondaire, collégial et même universitaire.

Le rapport se présente comme suit :

1. page-titre ou page-couverture
2. table des matières ou plan
3. bibliographie ou sources de renseignements
4. introduction
5. développement
6. conclusion
7. appendices s'il y a lieu

Voyons l'une après l'autre ce que sont ces sept parties :

PAGE-TITRE

Sur la page-titre, il faut trouver les renseignements suivants :
1. nom et prénom du chercheur
2. niveau d'études ou occupation
3. matière ou discipline de la recherche
4. titre et sous-titre (s'il y a lieu) de la recherche
5. nom du professeur ou de l'organisme à qui on remet le rapport
6. école ou institution que le chercheur fréquente
7. date d'échéance ou de remise de la recherche

N.B. Voir un exemple de page-titre à la page 51.

TABLE DES MATIÈRES

La table des matières expose clairement les diverses parties de la recherche avec, pour chacune d'elle, la page où débute cette partie.

On fait la table des matières quand toute sa recherche est terminée et paginée, c'est-à-dire quand chaque page de sa recherche porte en bas, au centre, ou en haut à droite, un chiffre arabe indiquant sa place dans le rapport.

Voir un exemple à la page 53.

BIBLIOGRAPHIE

Faire sa bibliographie est indispensable. C'est une question d'honnêteté intellectuelle que de reconnaître ce qui appartient à chacun.

Une bibliographie doit rendre compte de TOUS les ouvrages consultés ; et ce de façon ordonnée :

1. ouvrages généraux
2. ouvrages spéciaux
3. revues et journaux
4. correspondance
5. autres

Les OUVRAGES GÉNÉRAUX sont donnés par ordre alphabétique de titre (excluant l'article). On mentionne en ordre le titre exact et complet du dictionnaire ou de l'encyclopédie, le lieu d'édition, l'éditeur et la date d'édition, le nombre de tomes ou, s'il n'y a qu'un seul volume, le nombre de pages de ce dernier, le(s) tome(s) consulté(s) ou les pages consultées. Voici trois exemples différents :

Alpha encyclopédie. Montréal, Éditions Franson, 1967-1971, 43 tomes, tome 41 (Terre).

Nouveau petit Larousse, Paris, Larousse, 1969, 1793 pages, page 1012 (Terre).

Bordas encyclopédie, Paris, Bordas, 1968-1974, 22 tomes, tome 6 (Visages de la Terre) et tome 15 (Matière inerte, matière vivante).

Les OUVRAGES SPÉCIALISÉS sont donnés par ordre alphabétique d'auteur et s'il n'y a pas d'auteur, on indique « sans auteur ». On donne dans l'ordre pour chaque titre les renseignements suivants :

1. nom et prénom de l'auteur
2. titre de l'ouvrage souligné
3. lieu d'édition
4. maison d'édition
5. date d'édition
6. nombre de pages
7. collection s'il y a lieu
8. page(s) consultée(s)

Voici quelques exemples :

CAILLEUX, André. *L'anatomie de la terre,* Paris, Hachette, 1968, 253 pages (L'Univers des connaissances). L'intérieur de la terre, pp. 73 à 102.

GASKELL, T.F. *La Terre en évolution*, Éditions Groupe Express, 1970, 213 pages (L'homme et les sciences). L'origine de la terre, pp. 13 à 38.

SANS AUTEUR. *L'Aventure de la Terre,* Belgique, Casterman, 1962, 191 pages (Globerama). La Terre et ses éléments, pages 128 à 159.

Si un ouvrage général ou spécialisé n'indiquait pas la date et le lieu, on écrit alors « s.d. » (pour « sans date ») et « s.l. » (« pour sans lieu »). Il vaut mieux ne pas tenir compte des ouvrages non datés quand on effectue une recherche dans un domaine quelconque des connaissances.

Pour les REVUES ET JOURNAUX, on présente la liste des articles par ordre alphabétique des auteurs. On mentionne dans l'ordre suivant :

1. nom et prénom de l'auteur
2. titre de l'article entre guillemets
3. nom du périodique (revue ou journal)
4. numéro de l'exemplaire
5. date (jour — mois — année) entre parenthèses
6. page(s) où se trouve l'article.

Voici un exemple tiré d'une revue et un autre tiré d'un journal :

MARSAN, Jean-Claude. « Les Espaces verts », *La Revue de géographie de Montréal,* volume XXVIII, no 1, (1974), page 3.

BONHOMME, Jean-Pierre. « Un défi : l'aménagement intelligent de la ville et de la campagne », *La Presse,* 90e année, no 82, (samedi 6 avril 1974), page C 15.

Concernant la CORRESPONDANCE, on peut présenter les lettres par ordre alphabétique de leur auteur. On indique dans l'ordre :

1. nom et prénom de l'auteur
2. nom du destinataire
3. lieu d'où provient la lettre
4. date (jour — mois — année)
5. nombre de pages de la lettre

Voici deux exemples :

BLAIS, Marie-Claire. Lettre à Thérèse Fabi, de Wellfleet (Mass.), 5 mars 1970, 1 page.

DEMING, Barbara. Lettre à Thérèse Fabi, de Monticello (NY), 22 août 1971, 1 page.

Toute autre SOURCE DE RENSEIGNEMENTS peut être ordonnée par ordre alphabétique : soit celui des auteurs, soit celui des titres, soit toute autre possibilité. Voir un exemple à la page 55.

INTRODUCTION

Dans une introduction, on retrouve des renseignements généraux sur sa recherche et on annonce les principales parties de sa recherche dans l'ordre de leur présentation.

Pour plus de détails, voir un modèle d'introduction de la recherche complète qui suit ces lignes (page 57).

DÉVELOPPEMENT ou NŒUD

C'est l'essentiel de la recherche qui présente tous les renseignements voulus sur sa recherche dans un ordre donné comme précité à la fin du deuxième chapitre intitulé : Cueillir, choisir et classer les renseignements (page 41).

Il est bon de donner des titres à chaque grande partie et même, s'il y a lieu, des sous-titres à l'intérieur des grandes parties. Ce procédé vise à une plus grande clarté de la recherche et, par conséquent, à une meilleure compréhension.

CONCLUSION

La conclusion peut donner une brève synthèse de l'ensemble de sa recherche et apporter de nouveaux renseignements relatifs à sa recherche.

Pour un exemple de conclusion, voir la conclusion de la recherche complète qu'on retrouvera dans la deuxième partie du présent chapitre, à la page 81.

APPENDICE(S)

Les appendices ne sont pas indispensables dans une recherche. Ce sont des éléments ajoutés qui peuvent contribuer à enrichir ou à compléter la recherche. En appendice, on peut donner une illustration, un schéma, une citation longue ou tout autre élément susceptible de servir de complément ou d'enrichissement à sa recherche.

Pour plus de détails, voir des exemples d'appendices dans la recherche complète qui suit ces lignes, aux pages 83, 85, 87.

En terminant cette partie sur les notions théoriques, abordons brièvement un point important : les *MARGES* ou les *ESPACES.*

Tout le rapport doit être rédigé sur des feuilles mobiles, trouées ou non trouées, lignées ou non, avec ou sans marges. Cependant, qu'il y ait une marge ou non, il vaut mieux laisser un ESPACE ou une MARGE d'environ un pouce et un quart (1¼) tout autour de la feuille : à gauche, à droite, en haut, en bas de la feuille. Toutefois, certains professeurs se contenteront uniquement de la MARGE à gauche et de celle en haut de la feuille. L'essentiel, je le rappelle, c'est de présenter le tout avec soin, ordre et clarté.

2. Un exemple de recherche (Voir pp. 51-87.)

PAGE-TITRE

Remarquons que la PAGE-TITRE, tout en constituant la première page du rapport, ne porte pas de chiffre indiquant sa place dans le rapport.

Léveillée, Martine
Secondaire III
Géographie

LA TERRE

recherche présentée

à

Monsieur Marc-André Lagacé

École secondaire Les Débrouillards du Québec
14 octobre 1974

TABLE DES MATIÈRES

Remarquons que la TABLE DES MATIÈRES se pagine en chiffres romains (II) au centre de la page en bas.

TABLE DES MATIÈRES

II

BIBLIOGRAPHIE
Remarquons que la bibliographie se pagine en chiffres romains (III) au centre de la page en bas.

BIBLIOGRAPHIE

A. OUVRAGES GÉNÉRAUX

Alpha encyclopédie, Montréal, Éditions Franson, 1967-1971, 43 tomes, tome 41 (Terre).

Bordas encyclopédie, Paris, Bordas, 1968-1974, 22 tomes, tomes 6 et 15.

Dictionnaire usuel Quillet-Flammarion, Paris, Quillet, 1956, 1663 pages.

Encyclopédie universelle Marabout, Belgique, Éd. Gérard, 1961, 8 tomes (Marabout Université), tome I (géologie).

Grand Larousse encyclopédique, Paris, Larousse, 1960, 10 tomes et 1 supplément.

Grande encyclopédie (La), Paris, Larousse, 1971-1976, 60 tomes (en cours de publication à raison de 1 par mois).

Nouveau Petit Larousse, Paris, Larousse, 1967, 1793 pages.

B. OUVRAGES SPÉCIAUX

BEISER, A. La Terre, États-Unis, Éd. Time-Life, 1966, 192 pages (Life, Le monde vivant), pages 81 à 105.

DUNBAR, C.O. La Terre, Paris, Bordas, 1970, 383 pages (La grande encyclopédie de la nature), pages 67 à 135.

EVANS, I.O. La Terre, notre planète, Paris, Larousse, 1971, 159 pages (Poche couleurs).

RUDAUX, L. La Terre et son histoire, Paris, P.U.F., 1965, 127 pages (Que sais-je ? numéro 6).

III

TEXTE DE LA RECHERCHE

Remarquons que l'introduction, début du texte de la recherche, ne se pagine pas mais constitue quand même la première page du texte de la recherche qui doit se paginer en chiffres arabes (1,2,3...). La conclusion ainsi que les appendices se paginent également en chiffres arabes.

INTRODUCTION

La Terre dans l'Univers

La Terre, qui nous semble avoir des dimensions impressionnantes, n'est qu'une modeste planète du système solaire.

En effet, notre planète fait partie des neuf (9) planètes circulant autour du Soleil, l'unique étoile du système planétaire.

Elle est accompagnée dans sa course par la lune, son unique satellite.

Le système solaire n'est lui-même qu'un point négligeable dans l'Univers puisqu'il ne prend qu'une modeste place dans notre galaxie, la Voie lactée.

Cette galaxie, qui a la forme d'une spirale, fait partie de milliards de galaxies réparties dans l'Univers si vaste où se perd la planète de l'homme.

Voyons, dans un schéma reporté en appendice I, la place de notre planète dans le système solaire.

Dans le présent travail, on étudiera la Terre en huit étapes :

- son histoire
- sa structure interne
- son relief et les facteurs de modification du relief
- la lithosphère et l'hydrosphère
- son atmosphère
- la vie à la surface de la Terre
- la Terre explorée
- les richesses naturelles.

En conclusion, on traitera sommairement de la pollution.

I

HISTOIRE DE LA TERRE

La naissance de la Terre remonterait à quelque quatre milliards cinq cents millions d'années si on en croit les hypothèses les plus plausibles.

D'après le philosophe allemand Kant, notre planète serait née, avec les autres planètes et le système solaire, d'une nébuleuse primitive. À la suite du mouvement elliptique de cette nébuleuse — mouvement sur elle-même — le soleil se serait condensé au centre. Puis, il y aurait eu une fragmentation de couronnes de gaz et de poussières suivie d'une condensation des fragments en neuf planètes dont la Terre. Ce n'est là bien sûr qu'une hypothèse parmi bien d'autres.

Au début, la Terre aurait été une masse gazeuse sans croûte. Puis une mince pellicule se serait formée à la suite de refroidissement graduel. Enfin, une écorce plus épaisse se serait formée.

Plusieurs milliards d'années plus tard, la vie serait apparue dans les eaux. Les premières formes de vie auraient été les protistes qui seraient à l'origine de tous les vivants animaux et végétaux de la Terre.

Voici un tableau indiquant l'ordre d'apparition des diverses espèces de vivants sur Terre :

années approximatives	apparition des vivants
800 millions	bactéries
600 millions	algues
425 millions	mollusques
400 millions	poissons
350 millions	amphibiens
280 millions	reptiles
230 millions	oiseaux
180 millions	mammifères
25 millions	primates
1 million	anthropiens
900,000	hommes

2

II

STRUCTURE INTERNE DU GLOBE

Toujours selon des hypothèses, la Terre serait constituée de quatre couches dont seulement une a été atteinte et étudiée par l'homme : l'écorce ou croûte terrestre.

La couche la plus interne, qu'on appelle la graine ou noyau interne, serait constituée de fer et de nickel à l'état solide.

La deuxième couche, qui enveloppe la graine et qu'on appelle noyau externe, serait formée de fer et de nickel liquides en fusion.

La troisième couche, appelée manteau, serait de constitution solide : elle serait formée d'une matière rocheuse nommée péridotite.

La quatrième couche, l'écorce terrestre est formée de roches sédimentaires, de roches endogènes et de roches métamorphiques.

Voici un schéma de la structure interne du globe :

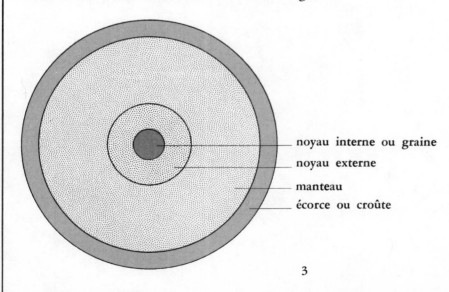

— noyau interne ou graine

— noyau externe

— manteau

— écorce ou croûte

3

III

LE RELIEF TERRESTRE ET LES FACTEURS DE MODIFICATION DE CE RELIEF

L'écorce terrestre, sous les océans et les mers ou formant les continents et les îles, est accidentée au point qu'on y retrouve des chaînes de montagnes comme les Andes en Amérique du Sud, des plateaux comme celui de l'Iran en Asie et des plaines comme les vastes plaines de l'Ouest canadien. Le fond marin est aussi accidenté que les continents, dits terres émergées : on y retrouve en effet des chaînes de montagnes, des plateaux, des plaines, des ravins appelés abysses...

Voici les principales caractéristiques physiques du monde :

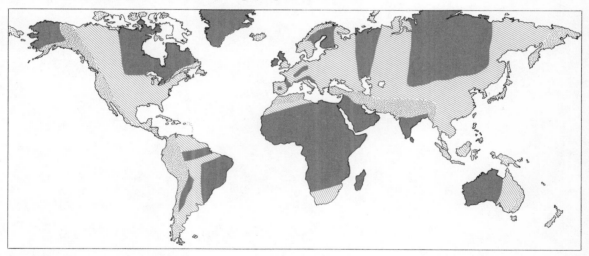

Légende

⬚ PRINCIPALES CHAÎNES DE MONTAGNES DU MONDE

⬚ PRINCIPALES PLAINES DU MONDE

⬤ PRINCIPAUX PLATEAUX DU MONDE

4

Ce relief terrestre, continental ou sous-marin, est très instable. Il est soumis à de continuels changements à cause de facteurs dits externes et internes :

— FACTEURS EXTERNES D'ÉROSION
- climat
  - vent
  - alternance du froid et du chaud
- eaux
  - eaux marines
  - eaux courantes
      - rivières
      - ruisseaux
      - fleuves
  - eaux de pluies
  - glaciers

— FACTEURS INTERNES
- volcanisme
- séismes ou tremblements de terre
- geysers ou sources d'eau chaude
- mouvements de dilatation et de compression de l'écorce terrestre

IV

LITHOSPHÈRE ET HYDROSPHÈRE

La lithosphère, c'est la partie solide mais externe de la Terre. On peut dire que ce terme équivaut à écorce terrestre.

La lithosphère comprend deux parties : le sima, qui forme le fond marin, et le sial qu'on retrouve dans la composition des continents.

L'hydrosphère, c'est l'ensemble des eaux à la surface du globe. Les océans et les mers, les fleuves et les lacs, les glaciers, les nappes d'eau (dites nappes phréatiques), qu'on retrouve à l'intérieur du sol et qui alimentent les sources, sont autant de parties constituantes de l'hydrosphère.

5

V

L'ATMOSPHÈRE

L'atmosphère, c'est l'enveloppe d'air ou de gaz qui entoure la sphère terrestre.

Elle est constituée de onze gaz dont l'azote, le carbone, l'oxygène et l'hydrogène.

Selon l'Organisation météorologique mondiale, l'atmosphère se divise en quatre couches : à partir du sol jusqu'à 60,000 pieds d'altitude, on a la troposphère ; de 60,000 à 150,000 pieds, on retrouve la stratosphère ; de 150,000 à 240,000 pieds, on a la mésosphère ; de 240,000 à 1,500,000 pieds et plus, on retrouve la thermosphère.

L'atmosphère est en mouvement. En effet, l'air circule la plupart du temps horizontalement. Et sa vitesse est plus grande en hiver qu'en été.

VI

LA VIE À LA SURFACE DE LA TERRE

Le monde des insectes et des animaux en général, celui des plantes et celui des hommes se retrouvent répartis sur Terre de façon non uniforme.

Le monde des vivants végétaux, animaux et humains est plus dense dans l'hémisphère nord que dans l'hémisphère sud. En effet, 90% des êtres vivants se retrouvent dans l'hémisphère nord. Notons toutefois que les dimensions des masses continentales sont plus étendues dans l'hémisphère nord que dans l'hémisphère sud.

6

De même, 90% des vivants se retrouvent dans les eaux, considérées comme un réservoir alimentaire d'une richesse inouïe.

La vie végétale, qui nécessite lumière, humidité et chaleur, est plus dense au niveau de la zone équatoriale qu'au niveau des autres zones. En effet, à mesure qu'on s'éloigne de l'Équateur, la vie végétale se raréfie au point de devenir inexistante dans les zones polaires où on assiste au spectacle des neiges éternelles comme sur l'inlandsis antarctique et l'inlandsis groenlandais — le géologue américain Dunbar définit l'inlandsis comme une « calotte glaciaire installée sur un continent » [1].

Voyons la répartition des zones végétales à la surface du globe :

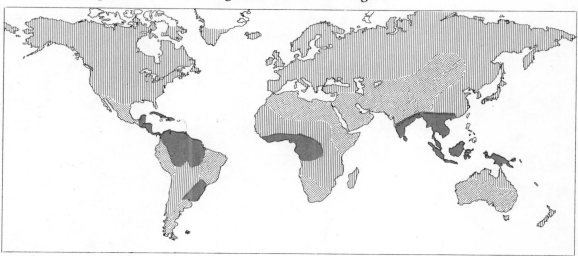

⬤ PRINCIPALES FORÊTS TROPICALES
◯ ZONES DE NEIGES ÉTERNELLES
◉ PRINCIPALES ZONES DÉSERTIQUES
▥ AUTRES FORÊTS ET PÂTURAGES

---

1. C.O. DUNBAR. La Terre, Paris, Bordas, 1970, 383 pages (La grande encyclopédie de la nature), page 350.

Pour la vie animale, voyons sa répartition sur une carte des continents où on illustre les régions fauniques :

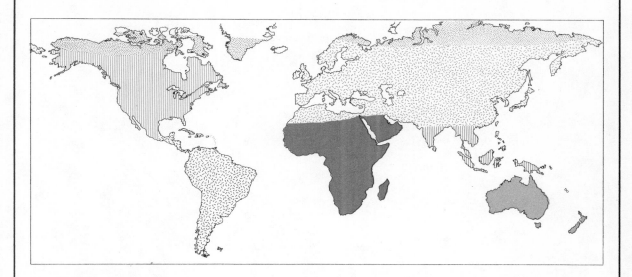

Légende

- RÉGION POLAIRE ARCTIQUE
- RÉGION NÉOARCTIQUE
- RÉGION NÉOTROPICALE
- RÉGION PALÉOARCTIQUE
- RÉGION ÉTHIOPIENNE
- RÉGION ORIENTALE
- RÉGION AUSTRALIENNE

8

Les hommes, eux aussi, sont répartis inégalement à la surface du globe. En effet 62% de l'humanité (incluant la Russie) habite l'Asie et 14%, l'Europe.

Voyons cette répartition des hommes (en pourcentage) sur une carte du monde :

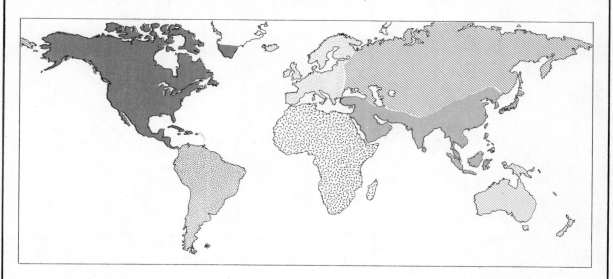

Légende

- 7% en Amérique du Nord
- 7.5% en Amérique du Sud
- ½% en Océanie
- 14% en Europe
- 7% en URSS
- 55% en Asie (sans l'URSS)
- 9.5% en Afrique

9

VII

LA TERRE EXPLORÉE

Au XVe siècle, à la suite des guerres désastreuses pour l'économie européenne, les Européens décident de tenter des expéditions vers l'Orient à la conquête de l'or.

Mais il faut découvrir une route qui soit la moins coûteuse possible à tous les points de vue.

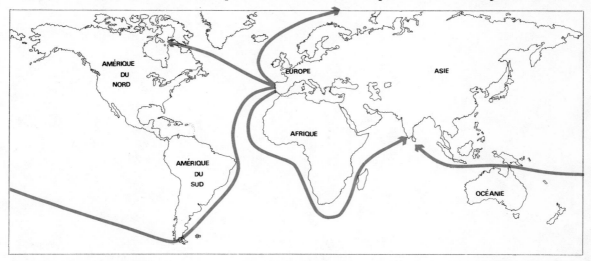

Les premiers explorateurs, les Portugais, longent la côte ouest africaine, contournent l'Afrique et atteignent les Indes. Les pertes humaines et matérielles sont énormes. Cette route est donc considérée comme non rentable.

On songe alors à atteindre l'empire de l'or par le nord, routes appelées le « passage du nord est » et le « passage du nord-ouest ». Peine perdue. Les deux passages sont impraticables à cause des glaces.

On pense alors à une autre route, celle de la traversée de l'Atlantique qu'on croit moins longue.

10

À l'occasion de cette recherche de routes, l'homme, à son insu le plus souvent, découvre les diverses parties du monde. Il conquiert d'abord l'Afrique, puis l'Asie et les Amériques, ensuite l'Arctique et l'Australie, enfin l'Antarctique.

Tous ces voyages sont semés d'imprévus et de péripéties étonnantes : à bord, on meurt souvent de scorbut, on est victime de mutineries, on doit faire face à des tempêtes d'envergure, on est soumis à la famine...

Aujourd'hui, tous les coins de la Terre, des sommets aux grandes profondeurs, ont été explorés. L'homme se lance maintenant à la conquête de son satellite, la Lune, et essaie même d'atteindre les planètes voisines de la Terre.

VIII

LES RICHESSES NATURELLES

L'homme vit de son milieu, il profite des plaines au relief facile et au sol fertile pour la culture ; il profite des grandes prairies accueillantes pour l'élevage.

Il profite aussi des fleuves qui représentent d'excellents axes de développement urbain.

Il profite encore des forêts pour se loger, pour se chauffer et pour de multiples besoins.

Il se nourrit de la Terre grâce au sol fertile. Il utilise l'eau indispensable à la fertilité du sol, à la production de l'électricité, à la pêche comme source d'alimentation.

L'homme profite même des ressources du sous-sol. En effet, il exploite avec profits des mines de toutes sortes et il en tire des richesses inestimables comme les produits énergétiques (le charbon, le pétrole, le gaz naturel...), les minerais métalliques tels le fer et le cuivre, les minerais non métalliques tels les phosphates et les sels.

11

Voyons sur un graphique les principaux pays producteurs de ressources énergétiques :

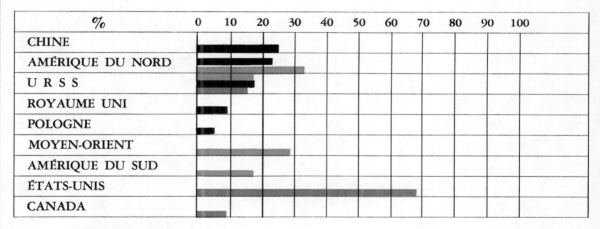

%	0	10	20	30	40	50	60	70	80	90	100
CHINE											
AMÉRIQUE DU NORD											
U R S S											
ROYAUME UNI											
POLOGNE											
MOYEN-ORIENT											
AMÉRIQUE DU SUD											
ÉTATS-UNIS											
CANADA											

■ CHARBON
■ PÉTROLE
■ GAZ NATUREL

12

L'homme peut encore utiliser l'énergie éolienne, l'énergie solaire, l'énergie hydraulique et l'énergie marémotrice.

La Terre, dans son ensemble, est donc une richesse inouïe pour l'homme qui en est le principal « agent d'érosion » par ses abus de toutes sortes.

CONCLUSION

LA POLLUTION

La Terre, dont on ne connaît qu'hypothétiquement l'histoire et la structure interne, qui présente 71% de terres immergées pour 29% de terres émergées, dont le relief est en constante modification, est la seule planète qu'on reconnaît comme étant actuellement viable grâce à l'atmosphère qui l'entoure. C'est une planète qui fut explorée dans ses plus profonds ravins, dans ses plus hauts sommets, dans ses terres polaires...

Cet astre, si riche, est menacé par le phénomène croissant de la pollution. Son air est pollué, ses eaux aussi, son sol même.

La pollution, quoique phénomène universel inévitable, pourrait être réduite grâce à des législations nationales et internationales très énergiques.

Ce danger pour la vie végétale, animale et humaine est occasionné par plusieurs facteurs. En effet, la pollution de l'air est occasionnée principalement par des fumées industrielles et les gaz d'échappement des voitures alors que la pollution de l'eau est causée par le mazout, les détergents, les insecticides, les déchets industriels, les ordures, les eaux d'égout et d'autres éléments chimiques nocifs. Pour sa part, la pollution du sol est consécutive à l'emploi d'herbicides et d'insecticides mieux connus sous le nom de D D T.

13

APPENDICE I

SCHÉMA DU SYSTÈME SOLAIRE

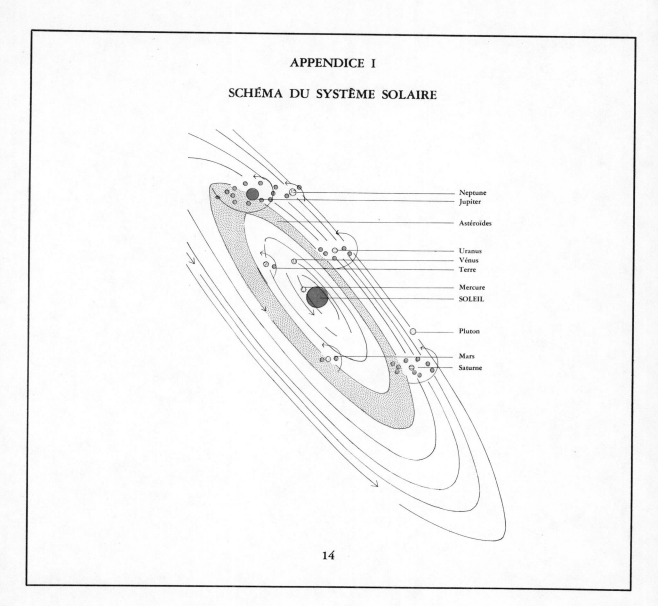

Neptune
Jupiter

Astéroïdes

Uranus
Vénus
Terre

Mercure
SOLEIL

Pluton

Mars
Saturne

14

APPENDICE II

Tableau des ères géologiques

ÈRE PRIMITIVE	4 milliards d'années	formation de la **Terre**
	2 milliards $\frac{1}{2}$	apparition de la **vie**
ÈRE PRIMAIRE	600 millions	algues
		mollusques
		poissons
		amphibiens
	280 millions	reptiles
ÈRE SECONDAIRE	230 millions	oiseaux
		mammifères
	135 millions	arbres actuels
ÈRE TERTIAIRE	65 millions	
	25 millions	primates
ÈRE QUATERNAIRE	1 million $\frac{1}{2}$	préhominiens
		hommes

15

APPENDICE III

DESCRIPTION HYPOTHÉTIQUE DE LA TERRE [2]

« Des océans immenses et chauds. Des continents massifs et nus. Une atmosphère irrespirable et lourde. Un silence étrange ! Et puis, d'effroyables tumultes, des grondements souterrains, des convulsions gigantesques, des vomissements de laves, d'énormes rochers tordus et rougeoyants projetés dans l'espace, une mer aux vagues colossales, des pluies diluviennes, d'immenses éclairs zébrant le ciel, des tonnerres assourdissants se répercutant à l'infini, des flamboiements gigantesques, et, à tous les points de l'horizon, des lueurs fulgurantes, une vision d'épouvante et d'apocalypse, mais que nul œil n'a vue. Car la Terre ne porte aucun être vivant. » [2]

Voilà l'hypothèse de Monsieur Tocquet concernant le visage de la Terre à ses débuts dans l'Univers.

---

2. Robert TOCQUET. L'Aventure de la vie, Paris, Larousse, 1967, 351 pages (Encyclopédie Larousse de poche), page 5.

16

CHAPITRE QUATRIÈME

Un certain art d'écrire

la bibliothèque : lieu de SILENCE
parce que lieu de réflexion,
de travail et de concentration

Une petite bibliothèque familiale

*Une bibliothèque personnelle
2,000 volumes*

Pour rédiger une recherche, il faut savoir écrire, c'est-à-dire connaître les complexités de sa propre langue.

Dans notre langue française, parlée et écrite, l'unité de base, c'est la PHRASE. C'est pourquoi il est indispensable d'avoir d'abord quelques notions sur la phrase et sur les défauts qu'il faut éviter afin de maîtriser une phrase claire, riche, élégante même. Il faut ensuite connaître les éléments constitutifs de cette phrase : les propositions et les mots. Il est nécessaire encore de savoir enchaîner ces phrases de sorte qu'elles puissent former un premier tout qu'est le paragraphe et un second ensemble qu'est la composition (narration, description, portrait, lettre, analyse littéraire, dissertation, conte, nouvelle, rapport, biographie, autobiographie, roman, essai...).

A. *La phrase*

« La phrase est formée de mots qui ont une valeur en eux-mêmes et une autre par rapport aux différents termes avec lesquels ils sont en relation » (E. Loubet, *La technique de la composition française,* Paris, Éditions Magnard, 1954, 286 pages, page 24).

Dans la phrase, il est des fautes qu'il faut savoir enrayer si on veut éviter la confusion :

    1. ponctuation défectueuse
    2. termes impropres
    3. phrases monotones

1) Ponctuation défectueuse

La ponctuation est une PAUSE dans le langage écrit. C'est, en cela, un moyen de CLARIFIER le texte et de le rendre plus facile à comprendre.

Pour atteindre ce but, il faut employer ADÉQUATEMENT les divers signes de ponctuation de notre langue. Ce qui est relativement simple d'ailleurs.

On reconnaît deux classes de signes : ceux qu'on emploie dans la phrase et ceux qu'on utilise entre les phrases.

LES SIGNES ENTRE LES PHRASES

1. le POINT : terme d'une phrase affirmative ou négative

2. le POINT D'INTERROGATION : terme d'une phrase qui indique qu'une question est posée

3. le POINT D'EXCLAMATION : terme (généralement) d'une phrase qui marque une surprise, un sentiment fort, une émotion vive...

4. les POINTS DE SUSPENSION indiquent une phrase inachevée ou marquent une hésitation

5. le TIRET SIMPLE marque le changement d'interlocuteur dans un dialogue ou apporte un élément explicatif en fin de phrase.

LES SIGNES DANS LA PHRASE

1. la VIRGULE sépare des éléments (mots ou membres de phrase ou propositions) de même nature ; détache des mots mis en apostrophe ; est employée dans l'inversion d'une phrase ; retranche un membre de phrase du reste de la phrase ; signale un verbe sous-entendu.

2. le POINT-VIRGULE marque le lien entre plusieurs phrases se rattachant à une idée commune.

3. les DEUX POINTS annoncent une citation, une énumération, une explication.

4. les PARENTHÈSES ou TIRET DOUBLE détachent une indication ou une réflexion isolée.

5. les GUILLEMETS encadrent une citation et peuvent attirer l'attention du lecteur sur un mot ou une expression sortant de l'ordinaire.

2) Termes impropres

Chaque être ou tout ce qui existe porte un nom qui lui est propre, c'est-à-dire qui lui appartient ou qui le désigne. C'est un art indispensable pour tous que de connaître la PROPRIÉTÉ DES TERMES, c'est-à-dire leur SENS. Chaque mot a une signification en lui-même et une selon le contexte dans lequel il s'insère. On n'emploie pas les mots au hasard de ses caprices et de ses paresses. Même les synonymes ne s'emploient pas n'importe comment l'un pour l'autre puisque, tout en représentant une idée commune, ils ont des nuances particulières. C'est pourquoi, il faut travailler avec acharnement pour aller à la découverte des mots et pour connaître leur propriété ou leur signification. D'où l'importance de fouiller son DICTIONNAIRE avec intelligence et vaillance.

3) Phrases monotones

La différence entre un texte agréable à lire et un texte ennuyeux est souvent due au style plus ou moins varié. Il faut éviter une suite de phrases de même modèle qui créent la monotonie et le désintérêt. C'est pourquoi, il importe d'employer d'une façon raisonnée un vocabulaire étendu et varié, des phrases longues ou complexes alternant avec des phrases concises, brèves et simples, un style direct suivi ou alternant avec un style indirect. En somme, il faut VARIER SON STYLE.

B. *Les propositions dans la phrase*

La phrase peut être dite SIMPLE ou COMPOSÉE. Elle est simple si elle ne comprend :

qu'un verbe (exemple : Viens)
qu'un verbe et son sujet (exemple : je viens)
qu'un verbe accompagné de son sujet et d'un complément (exemple : Je viens, ce soir)
qu'un verbe (dit copule) accompagné d'un attribut et du sujet (exemple : je suis triste)

Donc la phrase est simple si elle comporte de un à quatre mots ou termes. Ce qui n'est pas là quelque chose d'absolu. Nous pouvons cependant dire que la phrase est simple quand elle n'a pas deux ou plusieurs propositions.

Au contraire, la phrase complexe, compliquée ou non simple est celle qui se compose obligatoirement d'au moins deux propositions (proposition = expression d'un jugement) : d'une proposition dite PRINCIPALE et d'une ou de plusieurs SUBORDONNÉE(S). Chaque subordonnée, comme chaque mot, a une fonction.

Dans un premier tableau, voyons succinctement

- les phrases simple et composée
- les propositions
- les fonctions des propositions subordonnées.

Dans un second tableau, nous reverrons les deux grandes classes de MOTS (VARIABLES ET INVARIABLES) telles que présentées par le grammairien français Grévisse.

LES PHRASES

1. Phrases simples

Ce sont celles qui n'ont qu'une PROPOSITION comprenant
un TERME (exemple : Viens)
deux TERMES (exemple : je viens)
trois TERMES (exemple : je te cherche)
quatre TERMES (exemple : je t'aime énormément)
plusieurs TERMES (exemple : j'aime me promener avec toi, la nuit, sous les étoiles)

Ces phrases, à un ou plusieurs termes, sont des propositions dites INDÉPENDANTES.

Ces propositions INDÉPENDANTES peuvent être
- COORDONNÉES
exemple : J'aime mes livres *mais* je ne lis pas tout le temps.
- JUXTAPOSÉES
exemple : J'aime le ski, j'adore l'équitation.

2. Phrases composées

Ce sont celles qui ont deux ou plusieurs propositions dont l'une est dite PRINCIPALE et l'autre ou les autres SUBORDONNÉE(S).

---

a) PROPOSITION PRINCIPALE

    Celle qui a sous sa dépendance au moins une autre proposition.

b) PROPOSITION SUBORDONNÉE

    Celle qui dépend de la PRINCIPALE et qui peut avoir toutes les FONCTIONS DU MOT, soient les suivantes :

SUJET (exemple : C'est primordial QUE DES ÉLÈVES ÉTUDIENT)

ATTRIBUT (exemple : Mon plaisir est QUE VOUS RÉUSSISSIEZ)

EN APPOSITION (exemple : Je l'aime et, QUI PLUS EST, il me le rend)

COMPLÉMENT D'OBJET DIRECT (exemple : Je sais QUE VOUS VIEN-DREZ)

COMPLÉMENT D'OBJET INDIRECT (exemple : Je m'attends À CE QUE VOUS RÉUSSISSIEZ

CIRCONSTANCIELLES DE :

    CAUSE (exemple : ÉTANT DONNÉ VOTRE FATIGUE, partez.)

    CONSÉQUENCE (exemple : Vous êtes si fatiguées QUE VOUS POUVEZ PARTIR)

    CONCESSION (exemple : SI DÉSAGRÉABLE QUE TU SOIS, je t'aime)

    CONDITION (exemple : SI TU CONTINUES, je te frappe)

    COMPARAISON (exemple : Il est plus séduisant QUE PIERRE)

    BUT (exemple : Il est parti AFIN DE TROUVER MIEUX AILLEURS)

    TEMPS (exemple : Je t'aime ALORS QUE TU ME HAIS)

    LIEU (exemple : OÙ QUE TU SOIS, je pense toujours à toi)

    MANIÈRE (exemple : Il parle EN HURLANT)

    ADDITION (exemple : OUTRE QUE JE T'OFFRE MON AIDE, accepte mon amitié)

    RESTRICTION (exemple : C'est une personne délicate SAUF QU'ELLE MANQUE PARFOIS DE TACT)

    COMPLÉMENT D'AGENT (exemple : Cette année sera réussie PAR CELLES QUI TRAVAILLERONT)

    COMPLÉMENT DU NOM ou DU PRONOM (exemple : J'aime ceux QUI SONT DROITS)

    COMPLÉMENT DE L'ADJECTIF (exemple : Il était digne QU'ON L'AIME)

C. Les mots dans la phrase

LES MOTS

1. Les mots variables

- NOM commun ou propre / individuel ou collectif
  simple ou composé / masculin ou féminin
  singulier ou pluriel / concret ou abstrait

- PRONOM personnel (je, tu...)
  réfléchi (me, te...)
  possessif (mien, tien...)
  démonstratif (cela, celui-ci...)
  relatif (qui, que, dont...)
  interrogatif (qui, que, lequel...)
  indéfini (chacun, l'un, l'autre...)

- VERBE copule (être)
  transitif direct (avec complément d'objet direct)
  indirect (avec complément d'objet indirect)
  intransitif (sans complément d'objet)
  pronominal (je me tais...)
  impersonnel (il pleut...)
  auxiliaire (avoir, être...)

- ADJECTIF qualificatif
  non qualificatif :
  numéral cardinal (1-2-3...)
  ordinal (1er-2e-3e...)
  possessif (mon, ton...)
  démonstratif (ce, cet...)
  relatif (lequel, duquel...)
  interrogatif (quel ?...)
  exclamatif (quel !...)
  indéfini (certain...)

- ARTICLE défini (le, la...) ou indéfini (un, une...)
  élidé (l') ou contracté (au, du...)
  masculin ou féminin
  singulier ou pluriel
  partitif (de la farine)

2. Les mots invariables

- ADVERBE : mot qui modifie le sens du mot auquel il est joint (adjectif, verbe, adverbe)
  exemple : Il joue BIEN aux échecs.

- PRÉPOSITION : mot de liaison
  exemple : Elle habite AVEC moi.

- CONJONCTION : mot de liaison qui lie par
  coordination
  exemple : J'aime lire ET jouer.
  subordination
  exemple : Je suis heureuse *quand* je suis avec toi.

- INTERJECTION : mot qui exprime avec vivacité un mouvement de l'âme
  exemple : Bravo ! c'est réussi !

3. Un mot indispensable dans la phrase: le verbe

- IL VARIE
  en NOMBRE (JE travaillE, NOUS travaillONS)
  en PERSONNE (NOUS travaillons, JE travaille)

- IL S'ACCORDE (Ce garçon travaillE, ces garçons travaillENT)

- IL PREND
  une FORME active (j'aime mes élèves)
  passive (je suis aimée par mes élèves)

un MODE *personnel*
      indicatif (je suis)
      subjonctif (que je sois)
      conditionnel (je serais)
      impératif (sois)
    impersonnel
      infinitif (être)
      participe (étant)

un TEMPS présent (je suis)
      passé (j'ai été)
      futur (je serai)

4. Les mots qui relient

a) PAR COORDINATION

    La conjonction de coordination relie deux éléments semblables en les
- ADDITIONNANT (et, puis...)
- SOUSTRAYANT (mais, cependant...)
- ÉGALISANT (ou, ni, soit...)

    Donc la conjonction de coordination relie deux éléments semblables tels :
- deux mots
- deux groupes de mots
- deux propositions

b) PAR SUBORDINATION

    CONJONCTION DE SUBORDINATION
    PRÉPOSITION
- La CONJONCTION DE SUBORDINATION introduit une proposition en subordonnée ou dépendante de la principale
- La PRÉPOSITION marque la dépendance du mot qui suit avec le mot qui précède

D. Trois genres littéraires indispensables à toute composition

1. LA NARRATION
2. LA DESCRIPTION
3. LE PORTRAIT

1. La narration

C'est l'histoire ou le récit d'un événement. On raconte comment est arrivé un événement. Par exemple, prenons un ACCIDENT. C'est comme un film qui se déroule sous nos yeux : comment est-il survenu ? Quelqu'un traverse la rue sans regarder ; un automobiliste le frappe ; une foule s'attroupe autour du blessé ; des gens crient, pleurent ; d'autres s'occupent de la victime avec hésitation ; certains se mêlent d'engueuler l'automobiliste ; la circulation se congestionne ; la police et l'ambulance s'amènent bruyamment sur les lieux...

TOUT BOUGE dans une narration. Alors on raconte comme si on était un REPORTER, témoin d'un événement.

2. La description

C'est l'action de décrire le résultat d'un événement : le décor, le paysage, le massacre, le blessé... Je dis ce que je vois de ce qui reste de l'événement.

J'observe APRÈS l'accident : comment est la victime ; quel est l'aspect de la voiture ?... Comment les choses sont-elles disposées ?

TOUT EST FIGÉ, STATIQUE, je décris des choses ou des êtres DANS L'ÉTAT où ils sont au moment où je les vois.

C'est l'action de décrire ou de peindre avec des mots ce qui me tombe sous les yeux. Je suis donc le PEINTRE PAYSAGISTE qui observe et décrit ce qu'il voit.

3. Le portrait

C'est encore l'action de décrire MAIS *un personnage,* un individu... un animal ou un homme *plutôt qu'une chose.*
Je décris l'image des personnes ou des victimes de l'événement.
J'observe les gens après l'accident : leur physique, leur moral ; les visages de terreur, d'affolement, de rage, d'énervement, de stupeur, d'indifférence...
Ici aussi TOUT EST FIGÉ.
Je suis donc le PEINTRE PORTRAITISTE qui observe le ou les personnages que je veux décrire ou dont je veux tracer les contours... ou dont je cherche à faire le portrait physique ou/et moral AVEC DES MOTS.

On peut donc se permettre de se lancer dans n'importe quel genre : biographie et autobiographie (des portraits), conte et nouvelle (des narrations coupées d'éléments descriptifs ou décrivant des choses et des individus), roman (où domine la narration), pièce de théâtre où la narration domine puisque les décors et les personnes sont vus.

Cependant, il est indispensable de connaître ce qu'est un portrait, une description, une narration. Car, quel que soit le genre choisi, je retrouve :

- un ou plusieurs personnages (d'où portrait(s))
- un ou plusieurs lieux (d'où description)
- une ou plusieurs intrigues ou histoires (d'où narration).

Quand je fais une recherche, je dois faire appel à l'un ou/et l'autre genres. Si je fais une recherche sur les costumes, les automobiles, les chiens..., il faut savoir les *décrire.* Si je fais une recherche sur des explorateurs, des savants, des hommes politiques, il me faut maîtriser l'art du *portrait.* Si je veux faire une recherche sur l'histoire d'une civilisation, sur une guerre, sur une exploration, je dois savoir *raconter* pour piquer la curiosité de mes auditeurs et retenir leur attention.

En somme, ces trois genres littéraires sont à la base de toute composition littéraire, scientifique ou autre.

E. Quelques suggestions avant de composer

Selon l'avis de la plupart des travailleurs intellectuels avisés, il est conseillé, avant d'écrire, de

1. réfléchir sérieusement...
2. se demander ce qui suit...
3. être original

RÉFLÉCHIR SÉRIEUSEMENT

afin de trouver les idées à énoncer et de choisir les termes appropriés susceptibles de véhiculer adéquatement ses idées sans risque de malentendus, sans danger de confusion ; avec un maximum de clarté et d'ordre.

SE DEMANDER CE QUI SUIT :

- Qu'est-ce que je veux dire ou qu'est-ce que j'ai à dire ?
- Dans quel ordre vais-je dire ce que je veux communiquer ?
- Comment vais-je le dire ou en quels termes ?

DONC RECHERCHER ET INVENTER LES IDÉES
LES DISPOSER EN ORDRE (PLAN)
LES EXPRIMER (COMPOSITION)

ÊTRE ORIGINAL

c'est-à-dire éviter la banalité. Il faut essayer « d'habiller » ses idées de sorte qu'elles soient différentes de celles des autres auteurs. Ce qui suppose qu'on conclut une alliance durable avec son dictionnaire qui est une mine de richesses inouïes. C'est grâce à un contact répété avec cet « allié » du chercheur qu'on finit par acquérir une langue, parlée et écrite, plus riche, plus élégante, plus suave même... une langue ouverte sur du nouveau, c'est-à-dire capable de s'enrichir constamment et très régulièrement.

En somme, avant de composer et pendant la composition, il faut user et ABUSER de son ou de ses dictionnaire(s), de sa ou de ses grammaire(s). De plus, il ne faut pas oublier que parler et écrire est, en quelque sorte, un véritable « SPORT CULTUREL ». C'est par une pratique ou gymnastique de ce sport — pratique régulière et fréquente — qu'on en arrive à une parfaite maîtrise. Faut-il d'abord le VOULOIR, ensuite s'y entraîner avec acharnement et patience, enfin PERSÉVÉRER... car le temps y est pour beaucoup...

Au terme de ce chapitre, je m'en voudrais de ne pas citer deux spécialistes français de la langue : Galichet et Suberville.

Pour le grammairien Galichet, il y a six principes pour bien écrire :

SIX PRINCIPES POUR BIEN ÉCRIRE

1. clarté du style

2. précision du style ou emploi du terme propre

3. simplicité du style et naturel

4. souci des nuances

5. sens de l'harmonie ou du rythme

6. fidélité à l'idée générale ou respect de son sujet ; s'en tenir à lui, se laisser guider par lui

GALICHET, G. *Grammaire française expliquée,* 10e et 11e années, Montréal, H.M.H., 1967, 474 pages, pages 406 à 408.

Pour sa part, Jean Suberville prétend que pour écrire il faut être doué des qualités littéraires suivantes :

QUALITÉS LITTÉRAIRES

1. intelligence
2. imagination
3. sensibilité
4. talent
5. esprit
6. goût
7. volonté

SUBERVILLE, Jean. *Théorie de l'art et des genres littéraires*. Paris, Éditions de l'École, 1946, 486 pages.

Suberville mentionne surtout des qualités pour romanciers, poètes et dramaturges alors que Galichet est plus général et semble s'adresser à tous ceux qui doivent écrire.

Bibliothèque universitaire
Pavillon central
Université de Sherbrooke
400,000 volumes

1974

CHAPITRE CINQUIÈME

Autres renseignements utiles

la bibliothèque : lieu de SILENCE
parce que lieu de réflexion,
de travail et de concentration

Bibliothèque scolaire de 4,600 volumes
École secondaire Benjamin de Montigny (CECM)
1974

Bibliothèque municipale de Montréal
Succursale Acadie
20,000 volumes   *1974*

1. Des bibliothèques

A. Bibliothèques étrangères importantes

On trouvera ci-après les noms des douze bibliothèques étrangères les plus importantes [1], la ville où elles se trouvent, le pays, le nombre de volumes qu'elles contiennent ainsi que la date de fondation :

BIBLIOTHÈQUE LÉNINE (MOSCOU/URSS) 20 MILLIONS (1828)

BIBLIOTHÈQUE DU CONGRÈS (WASHINGTON/USA) 12.5 MILLIONS (1800)

BIBLIOTHÈQUE D'ÉTAT (LENINGRAD/URSS) 8 MILLIONS (1814)

BIBLIOTHÈQUE DE L'UNIVERSITÉ DE HARVARD (CAMBRIDGE/USA) 7 MILLIONS (1638)

BIBLIOTHÈQUE PUBLIQUE DE NEW YORK 7 MILLIONS (1652)

BRITISH MUSEUM (LONDRES/GRANDE-BRETAGNE) 7 MILLIONS (1753)

BIBLIOTHÈQUE NATIONALE (PARIS/FRANCE) 6 MILLIONS (1364)

BIBLIOTHÈQUE DE L'UNIVERSITÉ YALE (USA) 5 MILLIONS (1701)

BIBLIOTHÈQUE NATIONALE DE TOKYO (JAPON) 4.5 MILLIONS (1948)

BIBLIOTHÈQUE NATIONALE DE FLORENCE (ITALIE) 3.5 MILLIONS (1714)

BIBLIOTHÈQUE DE L'UNIVERSITÉ DE STRASBOURG (FRANCE) 3 MILLIONS (1537)

BIBLIOTHÈQUE ROYALE ALBERT PREMIER (BRUXELLES/BELGIQUE) 3 MILLIONS (1837)

---

1. Tiré de *Alpha* (voir la référence complète, p. 119).

B. Quelques bibliothèques québécoises

BIBLIOTHÈQUE NATIONALE DU QUÉBEC
1700, rue Saint-Denis, Montréal, Québec
                           volumes : 275,000
                           classification : Dewey et Congrès
                           fondation : 1967

BIBLIOTHÈQUE DE LA LÉGISLATURE
Parlement de Québec
                           volumes : 460,000
                           classification : Dewey
                           fondation : 1792

BIBLIOTHÈQUE MUNICIPALE DE MONTRÉAL
1210 est, rue Sherbrooke, Montréal, Québec
                           volumes : 850,000
                           classification : Dewey
                           fondation : 1902
                           succursales : 12 :

                                      ACADIE
                                      AHUNTSIC
                                      BENNY
                                      GATINEAU
                                      HOCHELAGA
                                      LORIMIER
                                      MONK
                                      NOTRE-DAME
                                      ROSEMONT
                                      SAINT-MICHEL
                                      SHAMROCK
                                      WORKMAN

BIBLIOTHÈQUE CENTRALE DE LA CECM
3705 est, rue Sherbrooke, Montréal, Québec
volumes : 50,000
classification : Dewey
fondation : 1931

BIBLIOTHÈQUE DE L'UNIVERSITÉ DE MONTRÉAL
2910, Édouard-Montpetit, Montréal, Québec
volumes : 1,000,000
classification : Dewey et Congrès
fondation : 1943

BIBLIOTHÈQUE DE L'UNIVERSITÉ DU QUÉBEC à MONTRÉAL
C.P. 8888, Montréal, Québec
volumes : 300,000
classification : Dewey et Congrès
fondation : 1969

BIBLIOTHÈQUE DE L'UNIVERSITÉ DU QUÉBEC à CHICOUTIMI
930 est, rue Jacques-Cartier, Chicoutimi, Québec
volumes : 75,000
classification : Congrès
fondation : 1969

BIBLIOTHÈQUE DE L'UNIVERSITÉ DU QUÉBEC à RIMOUSKI
300, Avenue des Ursulines, Rimouski, Québec
          volumes : 55,000
          classification : Congrès
          fondation : 1969

BIBLIOTHÈQUE DE L'UNIVERSITÉ DU QUÉBEC à TROIS-RIVIÈRES
B.P. 500, Trois-Rivières, Québec
          volumes : 200,000
          classification : Congrès
          fondation : 1969

BIBLIOTHÈQUE DE L'UNIVERSITÉ McGILL
P.O. Box 6070, Montréal, Québec
          volumes : 3 millions
          classification : Congrès
          fondation : 1823 (médecine)
                    1855 (générale)

BIBLIOTHÈQUE DE L'UNIVERSITÉ LAVAL
Cité universitaire, Ste-Foy, Québec
          volumes : 766,900
          classification : Congrès
          fondation : 1852

```
BIBLIOTHÈQUE DE L'UNIVERSITÉ DE SHERBROOKE
Université de Sherbrooke, Sherbrooke, Québec
                    volumes : 400,000
                    classification : Congrès
                    fondation : 1964
```

```
BIBLIOTHÈQUE DE L'INSTITUT D'ÉTUDES MÉDIÉVALES
2715, Côte-Sainte-Catherine, Montréal, Québec
                    volumes : 65,000
                    classification : Congrès
                    fondation : 1942
```

C. La Bibliothèque nationale du Canada

```
BIBLIOTHÈQUE NATIONALE DU CANADA
395, rue Wellington, Ottawa, Ontario
                    volumes : 1,000,000
                    classification : Congrès
                    fondation : 1953
```

2. Quelques ouvrages utiles

A. Sur la recherche

BLACKBURN et collaborateurs. *Comment rédiger un rapport de recherche,* Montréal, Centre de Psychologie et de Pédagogie, 1969, 72 pages, $1.25 [2].

> Excellente brochure, à prix modique, expliquant la façon de *rédiger* un rapport de recherche conforme aux normes collégiales et universitaires. On explique en détail la mise en pages, la bibliographie, les citations, les références et les notes. En plus d'un exemple complet de rapport, l'ouvrage donne une bibliographie susceptible d'aider l'étudiant à rédiger son rapport de recherche.

DASSONVILLE, Michel. *Initiation à la recherche littéraire,* Québec, Les Presses de l'Université Laval, 1961, 142 pages, $2.50.

> Cet ouvrage s'adresse plus spécialement aux étudiants universitaires qui préparent une thèse. Mais certains chapitres peuvent aider tout chercheur intéressé à présenter une recherche sérieuse, bien documentée et très soignée. Les chapitres (III, IV, V, VI, VII) concernant le choix du sujet, le plan de recherche, le fichier, la disposition matérielle et la mise en pages seront d'une grande utilité à tout chercheur.

ÉTHIER, W., TREMBLAY, J. *Pour votre succès, étudiants (méthode de travail intellectuel),* Montréal, Institut d'orientation professionnelle et Institut de recherches psychologiques, 1964, 180 pages, $2.00.

> Comme l'indique le titre, c'est une méthode de travail intellectuel proposée aux étudiants pour les aider à réussir leurs études.

---

2. Ces prix sont sujets à changements.

B. Sur la bibliothèque

BERNATÈNE, H. *Comment concevoir, réaliser et utiliser une documentation,* Paris, Les Éditions d'Organisation, 1967, 121 pages.

> Ouvrage particulièrement utile pour ceux qui travaillent dans le monde des affaires. Il tente de répondre, pour les entreprises, aux questions suivantes : pourquoi se documenter ?, qui doit se documenter ?, quand doit-on se documenter ?, comment faut-il se documenter ?, par quels moyens ?, que faut-il conserver dans sa documentation ? où doit-on conserver sa documentation ?
>
> L'ouvrage est cependant utile aussi pour tout travailleur intellectuel par la méthode de travail préconisée.

BURGAUD, Françoise. *Ma bibliothèque,* Belgique, Éditions Gérard, 1964, 158 pages (Marabout Flash, no 192). $0.85.

> Ce petit FLASH pratique est utile pour toute personne intéressée à se monter une bibliothèque personnelle. Il conseille sur l'art de sélectionner les ouvrages de référence, d'acheter des œuvres passées et modernes, d'organiser sa bibliothèque de façon à satisfaire ses goûts, ses besoins et sa propre soif de culture.

DROLET, Antonio. *Les Bibliothèques canadiennes de 1604 à 1960,* Montréal, Cercle du Livre de France, 1965, 240 pages, $3.00.

> Étude sur les bibliothèques québécoises et canadiennes entre 1604 et 1960. Ouvrage particulièrement intéressant pour entrevoir l'évolution de la culture chez nous.

VINET, Bernard. *La Bibliothèque, instrument de travail,* Montréal, Centre de Psychologie et de
Pédagogie, 1966, 180 pages, $3.05.

> Ouvrage indispensable à tous ceux qui veulent ou qui doivent fréquenter les biblio-
> thèques. Monsieur Vinet explique l'art d'utiliser une bibliothèque avec un maximum
> de profit. On retrouve dans ce guide très pratique tout ce qui concerne le travail
> personnel et la méthode de travail, la bibliothèque (rôle et fonctionnement), le
> livre et sa classification, le catalogue, les dictionnaires et les encyclopédies, les bi-
> bliographies et les volumes de consultation autres que ceux cités, les revues et
> répertoires d'articles de revues. On ne saurait trop conseiller cet ouvrage.

C. Sur l'art d'écrire

CRESSOT, Marcel. *Le style et ses techniques,* Paris, Presses Universitaires de France, 1969, 342
pages, $3.65.

> Cet ouvrage de langue traite des mots, de leur intégration dans la pensée et de la
> phrase (son organisation et son rythme). Il est indispensable pour mieux com-
> prendre les complexités de la langue française et pour faciliter son utilisation orale
> ou écrite.

C.S.V. *Comment composer,* Montréal, Centre de Psychologie et de Pédagogie,

secondaire I, 1968, 184 pages, $3.80 (Collection Deschamps).
secondaire II, 1968, 216 pages, $3.80 (Collection Deschamps).
secondaire III, 1969, 186 pages, $3.80 (Collection Deschamps).

> Ces ouvrages surtout scolaires font comprendre à l'aide de textes tout ce qu'il faut
> avoir de connaissances grammaticales et lexicologiques pour composer... tout ce
> qu'il faut d'imagination, de clarté, de sensibilité. On tente d'aider l'étudiant à
> écrire et à enrichir son vocabulaire par des thèmes nombreux, variés et actuels.

GRÉVISSE, Maurice. *Le Bon Usage,* Paris, Duculot-Hatier, 1969, 1194 pages, $8.00.

> Voici l'une des grammaires françaises des plus complètes et des plus précieuses. Un livre de chevet qui traite de tout ce qui concerne le bon usage de sa langue maternelle. Une table des matières détaillée et un index permettent de trouver rapidement le renseignement voulu.

LOUBET, Émile. *La technique de la composition française,* Paris, Éditions Magnard, 1954, 286 pages.

> Ce livre, quoique peu récent, s'avérera un ouvrage très utile à ceux qui s'expriment difficilement par écrit. Les chapitres II et III, concernant la phrase (ponctuation et style) et le paragraphe seront d'un grand secours pour le chercheur. Mais le chapitre le plus utile, me semble-t-il, est le IVe qui traite de la lecture (comment lire), de la recherche des idées, de leur disposition, de leur expression, des principaux genres littéraires dont le RAPPORT (définition, but, méthode).

SUBERVILLE, Jean. *Théorie de l'art et des genres littéraires,* Paris, Éditions de l'École, 1946, 486 pages.

> Ce très vieil ouvrage qui date de 1946 traite de l'art littéraire (notions, facultés littéraires, fond et idées, forme et style) et des genres littéraires (poésie et prose). Livre très utile pour apprendre l'art d'écrire et de lire. Il est peut-être épuisé mais il se retrouve certainement dans les bibliothèques riches en volumes ou dans les bibliothèques qui datent.

3. Table de conversion des poids et des mesures [3]

LONGUEUR

CENTIMÈTRE (cm)	= 0.39 pouce
MÈTRE (m)	= 1.09 verge
KILOMÈTRE (km)	= 0.62 mille

SURFACE

CENTIMÈTRE CARRÉ (cm²)	= 0.155 pouce carré
MÈTRE CARRÉ (m²)	= 10.76 pieds carrés
HECTARE (ha)	= 2.47 acres
KILOMÈTRE CARRÉ (km²)	= 0.38 mille carré

CAPACITÉ LIQUIDE

LITRE (l)	= 1.05 pinte
HECTOLITRE (hl)	= 26.41 gallons

CAPACITÉ / CÉRÉALES

LITRE (l)	= 0.91 pinte
HECTOLITRE (hl)	= 2.84 boisseaux

POIDS COMMERCIAL

GRAMME (g)	= 0.03 once
KILOGRAMME (kg)	= 2.20 livres
QUINTAL (q)	= 220.46 livres
TONNE MÉTRIQUE	= 1.10 tonne

---

3. Tirée de *Alpha*, pp. 2 et 3 de couverture (voir la référence complète, p. 119).

LONGUEUR

1 POUCE	=	2.5	centimètres (cm)
1 PIED	=	30.4	centimètres (cm)
1 VERGE	=	91	centimètres (cm)
1 MILLE	=	1.6	kilomètre (km)

POIDS

1 ONCE	=	28.3	grammes (g)
1 LIVRE	=	453.6	grammes (g)
1 TONNE	=	907.20	kilogrammes (kg)

CAPACITÉ

1 CHOPINE	=	0.56	litre (l)
1 PINTE	=	1.1	litre (l)
1 GALLON	=	3.7	litres (l)

POUCES

CENTIMÈTRES

4. Thermomètre en degrés

CENTIGRADES [4]   FAHRENHEIT

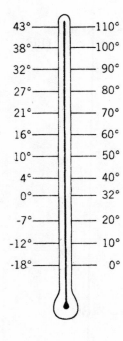

43°	110°
38°	100°
32°	90°
27°	80°
21°	70°
16°	60°
10°	50°
4°	40°
0°	32°
-7°	20°
-12°	10°
-18°	0°

---

4. Le terme centigrade est très répandu, mais le terme *Celsius* serait plus juste.

SOURCES DE RENSEIGNEMENTS

OUVRAGES GÉNÉRAUX

Alpha encyclopédie, Montréal, Éditions Franson, 1967, 43 tomes, tome 6, pages 807 à 809 (bibliothèque).

Grand Larousse encyclopédique, Paris, Larousse, 1960, 10 tomes et 1 supplément, tome 2, pages 119-120 (bibliothèque).

Grande (La) encyclopédie, Paris, Librairie Larousse, 1972, 60 tomes en cours de publication, tome 9, pages 1693 à 1697 (bibliothèque).

OUVRAGES SPÉCIAUX

BERNATÈNE, H. *Comment concevoir, réaliser et utiliser une Documentation,* Paris, Les Éditions de l'Organisation, 1967, 121 pages.

BLACKBURN, M. et collaborateurs. *Comment rédiger un rapport de recherche,* Montréal, Centre de Psychologie, 1969, 72 pages.

MATORE, Georges. *Histoire des dictionnaires français,* Paris, Larousse, 1968, 278 pages.

VINET, Bernard. *La Bibliothèque, instrument de travail,* Montréal, Centre de Psychologie et de Pédagogie, 1966, 180 pages.

ANNUAIRES CONSULTÉS

ANNUAIRE DU CANADA, Ottawa, Statistique Canada, 1972, 1522 pages.

ANNUAIRE DU QUÉBEC, Québec, Centre d'Information statistique, 1972, 884 pages.

AUTRES DOCUMENTS ÉTUDIÉS

Archives publiques du Canada. *Règlements et méthodes pour la recherche,* Ottawa, Information Canada, 1971, 4 pages.

Archives publiques du Canada. *La direction de la gestion des documents,* s.l., Information Canada, s.d., 4 pages.

Archives publiques du Canada. *La collection nationale de cartes et plans,* s.l., s.d., 4 pages.

Bibliothèque, Université Laval, s.l., s.d., 16 pages.

Bibliothèques (Les), Université du Québec à Montréal, 1972, 42 pages et 1 complément (4 pages).

Bibliothèque (La) centrale et bureau des archives. Office des relations publiques de la CECM, 1972, 17 pages.

Bibliothèque centrale (guide du lecteur et règlement), Commission des Écoles catholiques de Montréal, 1971, 40 pages.

Bibliothèque de la Législature, Québec, Gouvernement du Québec, 1972, 12 pages.

Bibliothèque (La) de Montréal, s.l., s.d., (feuillet).

Bibliothèque générale (guide du lecteur), Université de Sherbrooke, 1969, (feuillet).

Bibliothèque nationale (guide sommaire du département des imprimés), Paris, s.d., 12 pages.

Bibliothèque royale Albert 1er (guide du lecteur), Bruxelles, 1972, 56 pages.

Information for Readers, Washington, Library of Congress, 1972, 12 pages.

Special Facilities for Research, Washington, Library of Congress, 1969, 11 pages.

Votre bibliothèque, Québec, Bibliothèque de l'Université Laval, 1972, 64 pages.

INDEX ALPHABÉTIQUE

A

B

C

D

E/F

G

I/J

L

M/N

O / P

Q/R

S/T

V

TABLE DES PHOTOGRAPHIES

r à Montréal, par les Presses Élite Inc.,
e compte des Éditions Fides,
zième jour du mois d'août
mil neuf cent soixante-dix-huit.

Dépôt légal — 2e trimestre 1975
Bibliothèque nationale du Québec